T0247049

EL
UNA GUÍA PARA ESCUCHAR Y
PODER DE
COMPRENDER CÓMO DIOS
TUS
TE HABLA MIENTRAS DUERMES
SUEÑOS

STEPHANIE IKE OKAFOR

PRÓLOGO DE TOURÉ ROBERTS

Título original: *The Power of Your Dreams*

Primera edición: octubre de 2024

Esta edición es publicada bajo acuerdo con
WaterBrook, un sello de Crown Publishing Group,
una división de Penguin Random House LLC.

8950 SW 74th Court, Suite 2010
Miami, FL 33156

Traducción: Mariana Azpurua

Impreso en Colombia/ *Printed in Colombia*

ISBN: 978-1-64473-965-5

ORIGEN es una marca registrada de Penguin Random House Grupo Editorial

Dedico este libro a mi niña Ariel Okafor.
Antes de tener el honor de conocer a tu padre y
tenerte en mis brazos, escuché tu nombre y vi
tu dulce rostro en un sueño. Ustedes son la prueba viviente
de que los sueños son el territorio donde Dios habla.

PREFACIO

En las primeras horas de una mañana de noviembre de 2020, me sucedió algo extraordinario que cambió el curso de mi vida para siempre. Fue un momento que no solo me transformó como persona, sino que también me puso en el camino de fe, impacto y plenitud que sigo viviendo hoy.

Si tuviera que señalar el punto de inflexión que me llevó a más de dos décadas de éxito y significancia más allá de mis sueños más ambiciosos, sin duda sería esa fatídica mañana y el transformador encuentro que tuve con Dios a través de un sueño. Mientras aquí sentado reflexiono y escribo este prólogo, me sorprende la comprensión de que cada cambio crucial en el viaje de mi vida fue predicho o instruido a través de un sueño.

Ese sueño matutino en particular fue el catalizador de una serie de eventos que me impulsaron a una vida con propósito y significado. Fue un momento de intervención divina que me iniciaría en un camino que nunca podría haber imaginado para mí.

Si piensas en los personajes de las Escrituras, verás que muchos fueron guiados y profundamente impactados por sueños. Estos relatos van desde Abraham, el padre de la fe, hasta Jacob, quien más tarde se convertiría en Israel, homónimo del pueblo del pacto con Dios. Allí está José, el soñador que finalmente se volvería extremadamente poderoso en Egipto. Este José sería el segundo del propio faraón y llegaría a salvar multitudes de una amenazante y devastadora hambruna.

También está el rey Salomón, quien a través de un sueño fue puesto a prueba y, una vez demostrada su fidelidad, se convirtió en la persona más sabia y rica de su tiempo.

Hay una cantidad abrumadora de hombres y mujeres a quienes Dios les reveló cosas en sueños. De hecho, si eliminaras los relatos y significados de los sueños de las Escrituras, los eventos seminales que conforman las verdades fundamentales sobre las que nos apoyamos nunca habrían sucedido. Sin sueños, los sabios que honraron el nacimiento de Jesús habrían expuesto su ubicación a Herodes, quien buscaba matarlo. Si José, el compañero de María, no hubiera sido iluminado acerca de la inmaculada concepción a través de un sueño, la habría abandonado y se habría disuelto la unión que fue ordenada para criar al Salvador del mundo. Podemos considerar innumerables escenarios en los que cambiaría drásticamente nuestra realidad si estos encuentros oníricos no hubiesen ocurrido. Afortunadamente, este no es el caso. Y espero que el punto que planteo esté claro: los sueños importan y no solo para los personajes bíblicos antiguos; son importantes para ti y para mí hoy.

He tenido el privilegio de observar de cerca a Stephanie Ike Okafor durante más de una década. La vi servir y abrirse camino hasta los rangos más altos dentro de nuestra organización en Los Ángeles. Observé a Stephanie pasar de estar parada en el vestíbulo dando la bienvenida a los invitados de nuestros servicios, a estar de pie en nuestro escenario global dando la bienvenida a una multitud de almas al reino. Los esfuerzos de Stephanie no se detuvieron ahí: ella fue mucho más allá al proporcionar a sus oyentes revelaciones ricas y perspicaces sobre el reino y el viaje que decidieron emprender. Su voz goza de precisión y practicidad, y millones de personas han sido influenciadas por su capacidad para comunicar verdades espirituales profundas, traduciéndolas en disciplinas instantáneamente aplicables e implementables. Stephanie presenta la verdad y me cuesta encontrar un mejor comunicador o una voz más convincente sobre el tema de los sueños.

No solo estoy inmensamente orgulloso de Stephanie y conmovido por este trabajo, sino que también estoy muy emocionado por ti. No tengo ninguna duda de que el libro que tienes en tus manos, que ves en tu dispositivo o que tal vez escuchas en tus oídos, será un catalizador de claridad para ti, y te dará una nueva confianza y un camino manifiesto para actualizar los buenos planes de Dios para tu vida.

En un mundo que parece cada vez más inestable, incierto, caótico y confuso, el lado positivo de todo esto es que Dios todavía está a cargo y, afortunadamente, todavía habla a través de los sueños. Esto significa que aún hay un camino vadeando la neblina y una luz guía para franquear las tinieblas. Dios no está en la oscuridad ni permitirá que su pueblo camine a ciegas. Conoceremos la verdad y la verdad nos hará libres. Una de las herramientas más grandes para revelar la verdad que Dios nos brinda, son los sueños esclarecedores y empoderadores que Él nos envía. Así que, sin más preámbulos, vamos a sumergirnos y a dominar el significado de los sueños y su interpretación. El viaje hacia la claridad nos espera.

Touré Roberts,
Autor mejor vendido, empresario,
inversionista y fundador de ONE

CONTENIDO

Prefacio 7
Introducción 13

Primera parte

Uno: Dios te habla 23
Dos: Tú, el soñador 44
Tres: Prepara tu cuerpo y tu alma 64

Segunda parte

Cuatro: El origen de los sueños 81
Cinco: Tipos de sueños 98
Seis: La interpretación de los sueños 123

Tercera parte

Siete: El poder de la palabra de Dios 155
Ocho: Acceso a través de la fe 168
Nueve: Una vida inspirada en los sueños 181
El viaje del soñador 202

Reconocimientos 205
Notas 207
Sobre la autora 215

INTRODUCCIÓN

Cuando estaba en las primeras etapas de mi embarazo, esperando ser madre primeriza, los médicos descubrieron que tenía tres fibromas grandes, tumores que me causaban un dolor enorme. Mi esposo y yo estábamos de vacaciones en Maui cuando mi ginecólogo me llamó para discutir su recomendación, que era interrumpir el embarazo y someterme a una cirugía para extirpar los fibromas. Pero yo había estado soñando con mi hija durante años, incluso antes de conocer a su padre. A pesar del intenso dolor, decidí quedarme con mi bebé, confiando en que Dios me ayudaría a salir adelante.

Una noche particularmente difícil, cuando el dolor era insoportable y no lograba encontrar alivio, deambulé por nuestra habitación de hotel con el rostro surcado por las lágrimas y comencé a orar. Era un grito desesperado de consuelo y sanación. Se suponía que iba a predicar en nuestra iglesia en Los Ángeles ese domingo, pero pensé en llamar a mi pastor mayor para cancelar debido a lo que estaba ocurriendo.

Luego de encontrar un poco de alivio y quedarme dormida, tuve un sueño. En él viví un encuentro poderoso con el Señor. Me entregó una Biblia de cuero negro y me aseguró que mi bebé no sufriría ningún daño. Me recordó que Él está conmigo tanto en los buenos como en los malos tiempos y me animó a no cancelar la prédica de ese domingo.

La Biblia negra simbolizaba mi aferramiento a las promesas de Dios. Contemplé lo que Él había prometido con respecto al parto y la salud, confiando en que mi niña iba a estar bien. Confiar en la Palabra inquebrantable de Dios se convirtió en el ancla que me sujetaba a que, pasara lo que pasara, Él estaba conmigo y traería sanidad y una experiencia de parto sobrenatural.

Ese sueño se convirtió en un punto de inflexión para mí. La Palabra que recibí de Dios se convirtió en mi verdad y decreto, de cara a cualquier informe negativo. Fui testigo de cómo el Señor cambió las cosas. Aunque todavía tenía dolor durante el viaje, en mi cabeza mi marco mental cambió; sabía que aquello era solo temporal.

Después de regresar a casa en Los Ángeles, me desperté preparada para predicar el domingo por la mañana, aunque tuviera que hacerlo sentada debido al dolor. Pero, para mi sorpresa, el dolor había disminuido. Cuando subí al escenario a predicar, todo el dolor desapareció. Fue un milagro. Confiar en Él y aferrarme a las palabras de mi sueño lo cambiaron todo. Él convirtió mi preocupación de perder el embarazo en confianza, mientras esperaba ansiosamente la llegada de mi bebita.

Aquel sueño fue tierra santa.

Tierra santa

Una de las figuras bíblicas e históricas más significativas es un hombre llamado Moisés. La historia de su vida es interesante y notable. Dios se propuso liberar al pueblo de Israel de la esclavitud y guiarlo por los senderos de Dios. Él le hablaba como lo haría uno con un amigo[1]. La intimidad de su relación era tan admirable que, cuando Moisés murió, Dios mismo lo enterró.

El viaje de Moisés junto a Dios fue impulsado por un encuentro en el monte Horeb. El Ángel del Señor se le apareció desde el centro de una zarza ardiente que, de alguna manera, no era consumida por el fuego. Moisés decidió investigar el fenómeno. Desde el arbusto Dios llamó a Moisés por su nombre. Moisés respondió y Dios le ordenó que se quitara las sandalias porque el suelo donde se encontraba era tierra sagrada.

Horeb es una palabra hebrea que significa "desolado"[2]. Parece irónico que, en la sabiduría de Dios, el creador y dador de vida escogiera un lugar desolado, un lugar definido como estéril y vacío, como emplazamiento para darse a conocer a Moisés. Sin embargo, Dios es el que llena todas las cosas, por lo que un lugar desolado para nuestros estándares puede convertirse en una oportunidad oculta para un encuentro con Dios.

El monte Horeb no era un lugar desolado. De hecho, estaba lleno de la presencia de Dios. A través de la experiencia con la zarza ardiente, Dios llamó a Moisés a la conciencia de que ese lugar era en realidad tierra consagrada. Fue en el monte Horeb donde Dios se reveló a Moisés como el único Dios verdadero. Fue allí donde Moisés descubrió la sabiduría, la estrategia y la guía de Dios para su propósito liberador de sacar a los israelitas de la esclavitud. Más tarde, este lugar marcó el punto de varios encuentros con Dios que cambiarían la vida de Moisés.

Los sueños a menudo son considerados lugares desolados, aparentemente insignificantes. Pero Dios en nuestros sueños nos llama a experiencias de tierra santa. A través de nuestro descubrimiento de la voz de Dios mientras dormimos, Dios puede revelarnos sus planes para nuestras vidas, mostrar los propósitos que vinimos a cumplir en la tierra, darnos estrategias para avanzar, y mucho más.

Todos pueden tener una experiencia de tierra santa

Al crear el mundo, Dios declaró "bueno" todo lo que había hecho, pero cuando se trató de que Adán estuviera solo, dijo que "no era bueno". Esto inspiró la necesidad de que la mujer fuera creada, porque ella representaba la plenitud del plan de Dios con respecto al establecimiento de la raza humana. Esto nos lleva al primer registro bíblico del sueño.

En el Jardín del Edén, "Jehová Dios hizo caer sueño profundo sobre Adán, y mientras este dormía, tomó una de sus costillas, y cerró la carne en su lugar. Y de la costilla que Jehová Dios tomó del hombre, hizo una mujer, y la trajo al hombre"[3]. Cuando Dios adormeció al hombre estaba creando tanto lo que beneficiaría al ser humano, como lo que comunicaría la intención y propósito de Dios para la humanidad.

El sueño es extremadamente beneficioso para nuestras vidas. Sabemos que dormir toda la noche puede mejorar la concentración y la productividad, optimizar la memoria, fortalecer el corazón, estimular la salud del sistema inmune y mucho más. Aún más, no dormir lo suficiente puede ser perjudicial para nuestra salud: debilita el sistema inmune, conduce al aumento de peso y puede aumentar el riesgo de ciertos tipos de cáncer, diabetes y otros problemas de salud. Pero esto no es simplemente ciencia que indique los beneficios del sueño para la salud; es parte del diseño de Dios. No se trata solo de lo que nuestro cuerpo necesita; se trata de por qué Dios creó nuestros cuerpos para que requieran dormir[4].

El individuo promedio duerme durante veintiséis años de su vida[5], lo que equivale a aproximadamente un tercio de nuestra vida. ¿Por qué Dios nos crearía de una manera en la que el sueño ocupa una porción tan grande de nuestras vidas? Si el sueño solo tiene beneficios naturales o físicos, ¿nos aleja entonces de su presencia? Las respuestas a estas preguntas se pueden explorar en la experiencia de Adán y lo que encontramos es que, mientras dormía, todavía estaba en la presencia de Dios. El sueño simplemente presentaba una oportunidad para que Dios revelara sus planes y propósitos. Dios, siendo todopoderoso, tenía un número infinito de formas en las que podría haber creado a Eva, pero eligió trabajar a través del estado de sueño de Adán.

Uno de los muchos beneficios del sueño, es que nos recuerda que Dios está siempre presente. Él está con nosotros en todo momento, despiertos o dormidos. A medida que avanzas en este libro, espero que comiences a reconocer que tus sueños son verdaderamente territorio sagrado y que revelan la sabiduría, la guía y la estrategia de Dios para tu vida.

Antes de continuar

Escribí este libro no solo para informarte, sino también para equiparte mejor para escuchar la voz de Dios en tus sueños. Aquí tienes algunos consejos para sacar el máximo partido de esa experiencia:

1. **ORAR:** Tómate un momento para orar e invita al Espíritu Santo a abrir tu corazón y a que profundice tu comprensión al inicio de este viaje.
2. **COMPROMETERSE:** Cada capítulo concluye con preguntas de reflexión. Resiste la tentación de hojearlos y en su lugar, acepta la invitación a la reflexión intencional, mientras respondes a las preguntas ponderadamente.

3. **DIARIO:** Mantén un diario cerca para llevar notas personales, responder a preguntas de reflexión y registrar tus sueños junto con cualquier idea sobre sus significados. Esto servirá como una herramienta valiosa para realizar un seguimiento de tu crecimiento, fortalecer tu memoria y ayudarte a interpretar tus sueños. Tu diario está destinado a ser un registro de tu viaje espiritual, así que úsalo para capturar el panorama cambiante de tu entendimiento.

PRIMERA PARTE

Hola, soñador:

Escribí este libro pensando en ti. El poder de los sueños es innegable, pero desbloquear ese poder comienza con descubrir el poder en ti. Posees infinitas posibilidades, habiendo sido creado a imagen del único Dios verdadero y eterno. Por esta razón, la primera parte de este libro está dedicada a sentar una base sólida que te equipará con las herramientas y conocimientos necesarios para aprovechar todo el potencial de tus sueños. Al exponer el papel que desempeñas en la recepción e interpretación de los mensajes divinos de Dios a través de tus sueños, mi objetivo es despertar al soñador que hay en ti.

Si bien es cierto que tuve una inclinación natural hacia los sueños desde una edad temprana, la consistencia, la intensidad y la claridad de estos sueños se han mejorado a través de estas perspectivas. He sido testigo de resultados notables a medida que las personas a las que he asesorado han sido empoderadas para tener sueños proféticos que nunca creyeron posibles. Una y otra vez, personas de todos los orígenes han informado cómo aprender a escuchar la voz de Dios en sus sueños las ha llevado a una mayor claridad sobre su vida y ayudado a tomar decisiones clave con una nueva confianza. Estas increíbles historias sirven como testimonio del poder transformador de estas enseñanzas.

Estoy encantada de estar aquí contigo y tengo grandes expectativas de lo que Dios hará en y a través de ti, mientras nos embarcamos en este viaje.

Atentamente,
Stephanie

UNO

DIOS TE HABLA

En el principio era el Verbo, y el Verbo era con Dios,
y el Verbo era Dios.

Juan 1:1

Durante mi adolescencia, Dios me habló tan intensamente que me pregunté si realmente estaba escuchando su voz. Dondequiera que iba, lo escuchaba hablar. Me habló de las personas que me rodeaban: amigos, familiares y extraños, por los que me impulsó a orar, hablar con ellos o animarlos. Independientemente del impacto positivo que esas conversaciones tuvieran en la gente, me carcomía la idea de que tal vez era una coincidencia en lugar de Dios. Me pregunté: *¿es esta realmente la voz de Dios? ¿Tiene siempre algo que decir?*

En un momento dado, la iglesia a la que asistía organizó un retiro para jóvenes con un ministro invitado, el difunto profeta E'vann Walker. Mis amigas y yo estábamos emocionadas por el retiro, pero por las razones equivocadas. Esperábamos pasar tiempo juntas y con los chicos de los que estábamos enamoradas. A pesar de todas las distracciones, ese retiro tuvo uno de los mayores impactos en mi vida.

El retiro abrió con una noche de adoración. Éramos más de cincuenta personas sentadas en el piso de una sala de conferencias. Cuando el ministro comenzó a adorar, me miró y dijo: "¡Levántate!". Miré a mi alrededor, preguntándome si estaba hablando con alguien más. Luego dijo: "¡Tú! Te estoy mirando. ¡Levántate!". Cuando me levanté, continuó: "Dios quiere que sepas que Él te habla. La voz que has estado cuestionando es Dios hablándote. Es la misma voz que has conocido durante la mayor parte de tu vida. No necesitas dudarlo. Solo necesitas conocerlo".

Mientras él hablaba, sentí que una fuerza se apoderaba de mí como una descarga eléctrica que me tiró al suelo. Me perdí el resto del mensaje y mis amigos tuvieron que informarme más tarde, pero no sufrí daño, porque el poder que vino sobre mí fue el poder de Dios confirmando el mensaje.

En los días siguientes reflexioné sobre ese mensaje, especialmente las palabras: "No necesitas dudarlo. Solo necesitas conocerlo". "Conocerlo" es una declaración de peso. Tiene muchas capas. En principio, nunca habrá tiempo suficiente para conocer plenamente a Dios. Él es el principio de todas las cosas, pero no está atado a un principio ni a un fin. Simplemente es. Conocerlo es el camino de nuestra vida eterna.

Dios desea guiarte en el camino de la verdad. Él habla y te habla a ti.

Conocer a Dios es estudiar lo que Él encarna. Juan 1:1 lo describe como "el Verbo". Todo lo creado fue hecho a través de Dios. Otra manera de decir esto es que todas las cosas fueron hechas por medio del Verbo. Según A. W. Tozer: "Una palabra es un medio por el cual se expresan los pensamientos"[1]. Por lo tanto, la creación es una expresión de los pensamientos de Dios; la creación habla de Él[2]. En la verdadera esencia de Dios, Él habla. Habla a través de la creación, habla a través de su Espíritu Santo y está hablando para siempre.

A lo largo de la Biblia vemos que Dios habla de muchas maneras. Aunque la Biblia es el fundamento para conocer su voz, no limita su comunicación contigo. Con respecto al Espíritu Santo, Jesús dijo: "Él los guiará a toda la verdad"[3]. Dios desea conducirte a la verdad. Él habla, y te habla a ti.

Dios nos habla de varias maneras y, aunque los sueños son uno de esos canales, primero quiero sentar las bases examinando las cuatro formas principales en que experimentamos la voz de Dios: sentir, conocer, oír y ver. De manera similar a como nuestros cinco sentidos físicos nos permiten experimentar a los seres humanos y el mundo que nos rodea, nuestros sentidos espirituales nos permiten experimentar la voz de Dios. Cuando se trata de estos sentidos, es común percibir una conexión más fuerte a través de uno de ellos en particular, que a través de los otros. Algunas personas podrían identificarse como "sensoriales" más que como "videntes". Sin embargo, si tuvieras que considerar tus sentidos físicos, no dirías que eres más catador que táctil, ¿verdad? Eres consciente de tu capacidad para usar ambos sentidos. Del mismo modo, tenemos acceso a cada uno de estos sentidos espirituales, solo tenemos que aprender a conectar con ellos.

Los seres humanos fueron creados a semejanza de Dios. En Génesis 1:26, en un pasaje del relato de la creación, Dios dijo: "Hagamos al hombre a nuestra imagen, conforme a nuestra semejanza". La forma en que experimentamos la voz de Dios y recibimos su palabra es también un reflejo de portar su imagen. Tenemos la capacidad de ver como Él ve, de sentir como Él siente, de saber cómo Él sabe y de oír como Él oye.

Así que profundicemos en una mejor comprensión de estos sentidos, porque es fundamental para nosotros reconocer la riqueza en la diversidad de nuestros sentidos espirituales y su conexión con lo que sucede cuando soñamos.

Cuatro maneras de experimentar la voz de Dios

El sensible

Los sensitivos son aquellos con una mayor sensibilidad a las emociones de Dios que están conectadas con nuestras decisiones, metas, ideas, planes y entornos. Al leer este enunciado, podrías preguntarte: ¿Dios tiene emociones? Juan 3:16 es un ancla para nuestra fe, y dice: "Porque de tal manera amó Dios al mundo, que ha dado a su Hijo unigénito". La palabra clave a destacar en el contexto de las emociones es "amor". Debido al amor de Dios por la humanidad, Él nos dio a Jesús. Las Escrituras están llenas de diferentes expresiones de las emociones de Dios. Leemos acerca de la ira[4], la compasión[5], el odio[6], la alegría[7] y mucho más. Sin embargo, es importante tener en cuenta que todas las emociones de Dios están arraigadas en su amor por la humanidad y que Él nunca actúa injustamente o comete errores.

Entonces, ¿cómo experimentamos su guía a través de nuestras emociones? Es posible que hayas escuchado el dicho: "No siento paz con respecto a esto". Tal vez lo hayas dicho tú mismo cuando algo parece perfecto en el papel, pero sientes una inquietud en tu espíritu. Aunque no entiendas la sensación, representa una sensibilidad a las emociones de Dios que te empuja a reconocer que no todo lo que brilla es oro.

De manera similar, hay decisiones que parecen ridículas de tomar y, sin embargo, una paz que no puedes explicar te asegura que todo saldrá bien. Ese sentimiento es una expresión de la voz de Dios que te dirige a avanzar en ese camino.

Filipenses 4:7 dice: "Y la paz de Dios, que sobrepasa todo entendimiento, guardará vuestros corazones y vuestros pensamientos en Cristo Jesús". En otras palabras, la paz de Dios no niega lo que puedes estar experimentando, pero trasciende la percepción natural de la situación y comunica su directriz.

La paz es la sensación de calma, que puede aquietar las emociones negativas como la ansiedad, la ira, el estrés y la frustración. Es una emoción direccional que habla de la certeza y seguridad de la guía de Dios en nuestras vidas. La ausencia de su paz, sin embargo, podría hablar de que no estás alineado con tu propósito. Podría ser una señal para que hagas una pausa en el proceso de tomar una decisión que altere tu vida y busques confirmación en Él.

Pero fíjate que hay una diferencia entre la paz de Dios y la paz que viene del mundo. Según Juan 14:27, Jesús dice: "La paz os dejo, mi paz os doy; yo no os la doy como el mundo la da. No se turbe vuestro corazón ni tenga miedo". Aunque Jesús revela la extensión de su paz, todavía es seguida por el mandamiento de no tener miedo. Independientemente de la manera en que experimentamos la voz de Dios, no nos obliga. Todavía debemos tomar la decisión de aceptarlo y vivir de acuerdo con él.

Esto nos da una pista de cómo discernir entre la paz de Dios y la falsa paz. La falsa paz no es la presencia de la calma, sino el impulso de acallar nuestros miedos en lugar de seguir a nuestra fe. A pesar de que podemos estar emocionalmente intranquilos por tomar una decisión basada en el miedo, preferimos aferrarnos a lo que nos permite percibir comodidad o gratificación instantánea.

Las Escrituras hablan del "joven rico", que vivió una vida honorable, pero le faltó algo, y eso lo impulsó a preguntarle a Jesús: "Maestro bueno, ¿qué haré para heredar la vida eterna?"[8]. Jesús le dijo: "Anda, vende todo lo que tienes y dalo a los pobres, y tendrás tesoro en el cielo; y ven y sígueme"[9]. Jesús no buscaba que el hombre fuera pobre, sino que discernía que las finanzas del hombre eran su seguridad, se identificaba a sí mismo a través de ellas, de manera que siempre representarían una amenaza y serían una barrera para someterse a la dirección de Dios, porque valoraba la seguridad financiera por encima de todo lo demás. Las Escrituras dan a entender que este hombre decidió aferrarse a sus riquezas a pesar de estar "profundamente consternado" y "afligido" por su decisión[10]. El dilema del hombre le trajo mucha tristeza, pero permitió que su miedo a la incomodidad y a la inseguridad guiaran sus decisiones.

La paz que viene de Jesús es diferente. No siempre se trata de la ausencia de dificultades, porque una situación difícil puede revelar el propósito de Dios; las dificultades pueden revelar lo que Dios quiere para ti. La paz de Dios está anclada en la verdad. Es por eso que David dijo en el Salmo 23:4: "Aunque ande en valle de sombra de muerte, no temeré mal alguno; porque tú estarás conmigo". La "sombra de muerte" habla de cosas que están en las cercanías de la muerte, como decepciones, traiciones, negaciones, retrasos, enfermedades, soledad, etc. Sin embargo, en el calor de todo aquello, David reconoció que, debido a que el Señor, el Príncipe de Paz[11], estaba con él, saldría adelante.

Al abrazar la paz de Dios, hay verdades fundamentales que debes conocer para cambiar tu perspectiva de dificultad.

- Primero, a pesar de tus errores, eres amado por Dios[12].
- Segundo, Dios está por ti[13].

- Tercero, la circunstancia no está trabajando en tu contra, sino que está trabajando a tu favor[14].

El conocedor

Puedes ser un conocedor si tienes una comprensión instintiva de lo que debes hacer y confías en tu decisión. Esta confianza inquebrantable está arraigada en la fe que provienen del Espíritu de Dios[15] para encorajarte a tomar una posición, luchar por ella o moverte en la dirección del propósito de Dios para tu vida.

Un ejemplo de este entendimiento es cuando Jesús conoció a dos hermanos, Pedro y Andrés, que eran pescadores. Mientras pescaban, Jesús se acercó a ellos y les dijo: "Venid en pos de mí, y os haré pescadores de hombres"[16]. Aun sin pruebas de la extensión total de la identidad de Jesús, instintivamente supieron que debían abandonar sus redes y seguirlo. De la misma manera, podemos poseer una confianza inquebrantable que nos impulse en la dirección que manifiesta la voluntad de Dios para nuestras vidas.

Recuerdo un momento en 2021 en el que una predicadora amiga mía estaba organizando una conferencia en Nashville, Tennessee, e instintivamente supe que tenía que estar allí. Le envié un mensaje de texto diciéndole que asistiría a la conferencia y que deseaba verla. Mientras me preparaba para comprar mi boleto de avión y reservar el hotel, recibí un mensaje de ella sobre un cambio repentino. A pesar de que esta conferencia había sido planeada y confirmada con un año de anticipación, uno de los oradores no pudo asistir a causa de una situación familiar. Como ya había planeado asistir, mi amiga me preguntó si podía hablar. Inmediatamente supe que esto estaba conectado con la conciencia que tenía acerca de mi presencia en la conferencia. Estaba agradecida de haber sido obediente a la

Palabra de Dios a través de mi conocedora interior, porque muchas vidas fueron bendecidas. Las personas fueron sanadas sobrenaturalmente y la esperanza fue restaurada. De hecho, fue un hermoso movimiento del poder de Dios el que tuvo lugar a lo largo de toda la conferencia.

A través de tu conocedor interior también puedes tener conocimiento de cosas que normalmente no podrías lograr, porque Dios comparte una porción de su conocimiento ilimitado contigo. Por ejemplo: al final de un servicio religioso en *One Church*, vi a cierto hombre y supe que tenía que orar con él y decirle que no tuviera miedo, sin importar por lo que estuviera pasando, porque Dios estaba con él. Después de orar con el hombre, uno de los miembros del personal de nuestra iglesia se acercó a mí y me preguntó: "¿Estabas hablando con Chadwick Boseman de la película *Pantera Negra* (*Black Panther*, en inglés)?".

Sabía que asistía a nuestra iglesia, pero en ese momento no lo reconocí porque había sufrido una dramática pérdida de peso. Más tarde comencé a preguntarme por qué el mensaje para él era sobre no tener miedo, y también noté que mientras lo compartía, simultáneamente, percibía una sensación de pérdida (la "sensitiva" en mí, operando).

Un par de meses más tarde, cuando muchos, incluyéndome a mí, lamentábamos su fallecimiento, se supo que la causa de su muerte fue cáncer de colon. Había estado luchando contra él por cuatro años, pero la información nunca se hizo pública hasta que falleció. Reflexioné sobre nuestro intercambio y recordé que la presencia de Dios no significa que todo en tu vida vaya bien. Pero Él está contigo en los momentos más difíciles para consolarte y guiarte.

Algunas cosas en la vida están más allá de nuestro entendimiento, pero Dios las usa para servir a un propósito para nuestro bien y el bien de aquellos que están conectados con nuestras vidas. Aunque es posible que no veas el porqué o los buenos resultados en tu vida, tus momentos difíciles pueden convertirse en semillas para la próxima generación.

Cuando me enteré del diagnóstico de Chadwick, esto plantó una semilla en mi corazón —y me imagino que en los corazones de millones de personas—, que me inspiraba a nunca rendirme sin importar los desafíos de la vida. El diagnóstico no le impidió ser uno de los más grandes actores. De hecho, a través de su condición, se convirtió en uno de los seres humanos más influyentes. ¿Podría ser que mientras oraba con él se le recordó que todavía era amado por Dios y que, sin importar el diagnóstico, Dios estaba con él? El propósito de ese momento de oración puede que nunca lo sepa en mi vida, pero estaré eternamente agradecida por ello. Me recordó que cuando nuestro conocedor interno entra en acción, sirve al propósito de Dios, no al nuestro.

El conocedor interno también puede ser experimentado como un recuerdo. Algunos pueden referirse a esto como un momento de *déjà vu*. El *déjà vu* describe un extraño conocimiento de que has experimentado algo cuando nunca lo has hecho. Esto a menudo deja a muchos con preguntas sin respuesta sobre si habla de una vida pasada o lo que pudiera ser realmente.

Las experiencias de *déjà vu* comunican a través de tu conocedor interno que estás exactamente donde necesitas estar, no solo con respecto a la actividad que estabas realizando cuando sucedió, sino que tu etapa de la vida está alineada con el propósito de Dios. A veces nos quedamos atrapados en la rueda de hámster, que consiste en querer lograr algo más grande y mejor, desconectados del presente, porque no parece glamoroso en comparación con la vida de los demás. Nos sentimos inquietos e infelices con la vida porque la nuestra parece ordinaria. Algunos de nosotros nos preguntamos qué tiene de elegante o glamoroso estar en casa todo el día con los niños, trabajar en un empleo temporal, ser camarera, servir en un segundo plano, ser voluntarios o ayudar a criar a nuestros hermanos. Los momentos de *déjà vu* a menudo pueden ocurrir como un recordatorio de que la memoria que tenemos en este momento está ligada a la vida que Dios ya sabía antes de tiempo que tendríamos y estamos justo donde necesitamos estar.

En el Salmo 139:16, David compartió una revelación acerca de Dios en relación con su vida. Él dijo: "Tus ojos vieron mi cuerpo en gestación: todo estaba ya escrito en tu libro; todos mis días se estaban diseñando, aunque no existía uno solo de ellos" (NVI). En otras palabras, estaba diciendo: "Antes de que yo fuera formado, Tú me conocías, y hay un propósito para cada día de vigilia de mi vida que ya estaba establecido antes de que yo los experimentara". Aunque no hay ninguna mención bíblica de una experiencia de *déjà vu*, creo que habla de la naturaleza omnisciente de Dios. Él te conocía antes de que existieras y tu mente simplemente está experimentando lo que Dios sabe; como Él, que en la eternidad sabía que estos momentos de tu vida sucederían. No se trata de una vida pasada sino de una vida conocida.

Sin embargo, aunque estas experiencias de *déjà vu* pueden servir como recordatorios o como confirmación de que estás en el camino correcto, no se puede confiar únicamente en ellas. Si nunca has tenido una, no empieces a cuestionar tu vida; esta es simplemente una de las diversas formas en que podemos experimentar la voz de Dios.

El oyente

Escuchar la voz de Dios a menudo se limita a la idea de escuchar su voz audible, lo que hace que muchos descarten la experiencia porque parece fuera de su alcance o intimidante. Un caballero me dijo una vez: "No creo que Dios quiera hablar conmigo. Hay miles de millones de personas en el mundo. ¿Por qué se tomaría el tiempo de hablarme? Eso es mucha presión". Pero subestimamos el amor de Dios, su deseo de hablarnos y las diversas formas en que lo hace.

El oyente experimenta a Dios a través de una voz. Esto puede ser hacia afuera, como una voz audible, o hacia adentro, a través de una voz interior. Samuel fue llamado por Dios para ser profeta de la nación de Israel[17]. Un profeta es un líder espiritual que aconseja a la gente de una región y a sus autoridades con respecto a los planes y propósitos revelados por Dios[18].

A través del Espíritu Santo, podemos profetizar[19], lo cual no es más que hablar de los planes de Dios tal como Dios nos los revela. Pero la diferencia entre ser profeta y ser profético, el oficio de profeta es una cuestión de asignación. Los profetas son asignados por regiones. Ellos tienen una carga y una responsabilidad con respecto a esos territorios y su gente. Ser profético se refiere a la capacidad de edificarse, animarse y equiparse a sí mismo y a los que están conectados contigo con una visión espiritual para el propósito de Dios[20]. Es importante hacer esa distinción a medida que aprendemos acerca de Samuel, porque, aunque Samuel era profeta, todos los aspectos del acceso a la Palabra de Dios, incluso el de ser "oyente", están disponibles para todos. Simplemente, tenemos diferentes asignaciones.

Samuel, cuando era niño, experimentó la voz audible de Dios, pero inicialmente la malinterpretó como la voz de Elí[21]. Cuando Elí se dio cuenta de que era Dios quien le hablaba a Samuel, le enseñó al muchacho cómo responder. Fíjate que Samuel no estaba oyendo una voz extraña o aterradora; sonaba tan familiar que Samuel lo confundió con alguien que conocía bien.

Porque Dios es el origen de todas las cosas, Él puede hablar en todos los idiomas. Él puede hablarte de una manera que te suene familiar o que llame tu atención. Por ejemplo, hubo un día que fue particularmente desafiante para mí. Un par de cosas sucedieron de una manera que no esperaba y en mi frustración comencé a cuestionar a Dios preguntándole: "¿Dónde estabas? ¿Por qué permitiste que esto sucediera?". Aun cuando realizaba estas preguntas, no quería escuchar una respuesta. Solo quería desahogarme. Llegué a la conclusión de que Dios me había abandonado. De repente, escuché una voz decir una palabra que no recuerdo ahora y que hasta ese momento nunca había escuchado, la cual capturó mi atención. Me detuve a buscar su significado y, para mi sorpresa, era un idioma que no hablaba ni entendía y la palabra se traducía como "escuchar". Dios estaba tratando de llamar mi atención para darme la perspectiva correcta, pero estaba tan envuelta en mi frustración, que el momento solo podía haber sido interrumpido por un suceso inusual.

Cuando la esposa de mi hermano mayor estaba embarazada de su primer hijo, mi hermano tuvo una experiencia en la que escuchó el sonido de una voz que decía: "El niño viene". Un par de semanas después, él y su esposa se enteraron de que iban a tener un niño. Esta experiencia marcó la vida de mi hermano de una manera muy poderosa. Empezó a comprender que el hecho de que Dios anunciara la venida de su hijo significaba que nuestras vidas no comenzaban aquí. Comprender esto le dio confianza sobre las incertidumbres del futuro.

Escuchar la voz audible de Dios no es tan frecuente hoy como lo era en los tiempos del Antiguo Testamento. Antes de la crucifixión y resurrección de Cristo, el Espíritu Santo no había sido liberado para morar dentro del pueblo de Dios. Él estaba sobre ellos, pero no dentro de ellos[22]. Cuando el Espíritu mora en ti, tus sentidos naturales son la vía predominante para experimentar la voz de Dios.

Cuando Jesús fue bautizado, después de que el Espíritu Santo descendió sobre Él, Mateo 3:17 relata: "Vino una voz del cielo, que decía: Este es mi Hijo amado, en quien tengo complacencia". Inmediatamente después de que el Espíritu Santo descendiera sobre Jesús, la voz audible de Dios fue oída por todos los que estaban cerca. Había una conexión entre el Espíritu que venía sobre Él y la voz audible que se escuchaba.

Cuando el Espíritu Santo mora dentro de nosotros, nuestros sentidos espirituales son más sensibles a servir de canal para experimentar la voz de Dios interiormente. Es posible que estés familiarizado con el dicho "una voz en mi cabeza". Hay un aspecto hermoso en poder escuchar la voz de Dios a través de nuestros pensamientos. Internamente, la voz de Dios a menudo aparece como un pensamiento distintivo (o una serie de pensamientos), no alarmante, pero, aun así, muy diferente del nuestro. Su voz en nuestra mente nos informa, dirige o instruye, sin ponernos en situación que se perciba como de riesgo o peligro. Es importante saberlo, porque evita que confundamos su voz con el diálogo interno destructivo que a menudo el dolor o el miedo desencadenan.

Cuando vivía con mi hermano, un día tuvimos una acalorada discusión. Consideré que él estaba equivocado y me creía justificada en la ira que sentía. Sin embargo, cuando salió del apartamento, me vino a la mente un pensamiento claro y perturbador: "Ve y haz la cama de tu hermano". Me encanta hacer mi cama y aunque mi hermano disfruta de una cama hecha, no le gusta hacer la suya. Así fue como supe que no había forma posible de que la sugerencia de hacer su cama viniera de mí.

A regañadientes obedecí la instrucción y terminé muy contenta de haberlo hecho, porque mientras le hacía la cama, me sentí abrumada de amor hacia él. Ya no estaba molesta, y cuando regresó al apartamento y entró en su habitación, vio mi acto de amor como la respuesta a nuestro malentendido. Se disculpó y pudimos reírnos de ello sin insistir en la ofensa o la amargura. Mi experiencia al escuchar en mi interior la voz de Dios impulsándome a hacer la cama de mi hermano fue la forma en que Dios se comunicó conmigo para que dejara de lado el agravio y le expresara amor a mi hermano. No importa cómo experimentemos la voz de Dios, siempre servirá para un resultado que nos acerque a la naturaleza y la voluntad divinas.

Cuando Jesús estaba preparando a los discípulos con enseñanzas sobre cómo enfrentar la persecución, les dijo: "Pero cuando los arresten, no se preocupen por lo que van a decir o cómo van a decirlo. En ese momento se les dará lo que han de decir, porque no serán ustedes los que hablen, sino que el Espíritu de su Padre hablará por medio de ustedes"[23]. Jesús pintó el cuadro de cómo el Espíritu de Dios hablaba interiormente a los discípulos, dándoles la sabiduría y la información para entender lo que debían decir en circunstancias que iban a suceder en el futuro, más allá de su conocimiento o exposición. De la misma manera, el Espíritu Santo puede hablarnos interiormente para informarnos, instruirnos y dirigirnos.

En la soberanía de Dios, podemos escuchar su voz tanto audiblemente como en nuestras mentes. Ninguna de las dos debe descartarse. Pero, en cualquier caso, como "oyente" no se debe temer la voz de Dios o tomarla como un signo de trastorno de salud mental. Un trastorno afecta el funcionamiento diario, mientras que experimentar la voz de Dios lo amplifica. No perdemos nuestra capacidad de conectarnos, comunicarnos y participar en la sociedad. Por otro lado, nos volvemos más compasivos, comprensivos, confiados, cariñosos, cercanos, amorosos e impulsados por un propósito.

El vidente

Nuestra vista natural percibe hasta el ochenta por ciento de todas nuestras impresiones sensoriales y, por esta razón, muchos científicos la consideran como el más importante de nuestros sentidos humanos[24]. Más que los otros sentidos, los ojos son los que mejor nos protegen del peligro. Pero no necesitas una visión de 20/20 para ser un vidente, porque los videntes pueden experimentar la voz de Dios a través de los ojos naturales y espirituales.

Cuando Dios, en su infinita sabiduría, eligió al apóstol Juan para recibir su Palabra a través de visiones, el resultado fue el último libro de la Biblia: el libro del Apocalipsis. La palabra "apocalipsis" viene de la palabra griega *apokalypsis*, que simplemente significa "revelación de la verdad"[25]. Este libro revela a Jesús de una manera muy convincente. Fue escrito porque Juan experimentó la voz de Dios como vidente. Dios le instruyó: "Escribe en un libro lo que ves"[26]. En mi experiencia y estudio, el reino de la visión no es el único importante, pero sí el más importante.

Visión natural

Lo que un individuo ve en lo natural no es todo lo que hay. Hay seres angelicales y actividad sobrenatural oculta a nuestros ojos naturales. Pero hay momentos en los que Dios elige abrir nuestros ojos para que podamos ver cómo el mundo sobrenatural se asocia con el mundo natural.

Mi primera experiencia sobrenatural fue al ver algo que otros no podían. Fue un encuentro con un ángel cuando tenía nueve años. Todavía recuerdo los detalles de ese momento como si hubiera sucedido apenas hace cinco minutos.

Crecí en Nigeria, en un hogar monoparental. Mi padre fue asesinado cuando yo tenía ocho meses. En ese momento, en Nigeria, el sistema de justicia y la estructura de la economía no estaban diseñados para que las mujeres prosperaran, especialmente las madres solteras. Sin embargo, mi madre, mi superheroína, es una mujer resiliente, disciplinada y ambiciosa que no acepta un no por respuesta. Su vida ha sido un ejemplo para mí de que siempre existe una manera cuando estás decidido a obtener resultados. Pero a pesar de su tenacidad, todavía había momentos intermedios de incertidumbre, miedo y duda.

Antes de que mi padre fuera asesinado, era un hombre muy rico, pero después de su muerte, su hermano mayor nos exigió todo, hasta el punto de enviar amenazas de muerte a mi madre, quien ahora quedaba sola con tres niños pequeños, siendo yo la menor.

Luchar por justicia en una sociedad que no estaba estructurada para proporcionarla no valió la pena para mi madre, que no quiso arriesgarse a dejar a sus hijos huérfanos, de modo que entregó todo lo que tenía. Mi madre se convirtió en empresaria: algunos días eran buenos y otros eran de incertidumbre.

En uno de aquellos días inciertos, mi madre nos habló de un importante documento que había estado buscando. Recuerdo que le pedí a Dios —aunque entonces no estaba segura de que existiera— que ayudara a mi madre. Me preguntaba y repreguntaba por qué mi padre había tenido que morir, porque de haber estado vivo, la carga no habría recaído sobre mi madre. Al azar, a lo largo de ese día, seguí encontrando fotos antiguas de mi padre en lugares donde antes no las había visto. Esa noche conseguí otra foto de mi padre en mi habitación. De repente, sentí una fuerte presencia. No podía ver a la persona, pero sabía que había alguien allí y era capaz de decir en qué lugar estaba.

En mi corazón sentía paz, pero en mi mente estaba preocupada, porque recordaba las películas de terror que había visto. Inmediatamente corrí hacia mi madre, que a esa hora todavía estaba despierta. En el momento en que me acosté en su cama, y antes de que pudiera compartir mi experiencia con ella, cayó en un sueño profundo. Entonces sentí la misma presencia ahora en la habitación de mi madre. De inmediato me cubrí los ojos con la manta. Sin embargo, incluso con los ojos cerrados y la manta sobre mi cabeza, podía ver a una persona cuya piel parecía estar hecha de luz. Abrí los ojos y también la veía. Se sentó tranquilamente en el centro de la habitación.

Por alguna razón, en ese instante dije mentalmente: "Dios, si esto es tuyo, haz que el viento circule en torno a mis tobillos". Hasta la fecha creo que esas palabras fueron inspiradas por el Espíritu Santo, porque no había forma de que fueran idea mía. Al cabo de unos segundos, una ráfaga de brisa me envolvió los tobillos e inmediatamente mi miedo desapareció.

El hombre se levantó de su posición sedente, caminó hacia mi madre y le puso algo en las manos. Poco después, mi madre despertó y le conté lo que había pasado. Al principio no se lo tomó en serio, pero avanzada la mañana, un pastor la llamó y le dijo: "Anoche en su casa tuvo lugar una visitación angelical".

Para ser honesta, necesitaba esa confirmación tanto como mi madre. Más tarde, ese mismo día mi madre encontró aleatoriamente un documento que contenía parte de la información que buscaba. Inmediatamente supe que ese documento estaba conectado con el papel que el visitante puso en su mano. Luego comprendí que Dios nos había oído pedir ayuda y me había hablado a través del dominio de la visión.

El Salmo 103:20 dice: "Bendigan al Señor, ustedes sus ángeles, paladines que ejecutan su palabra y obedecen a su voz" (NVI). Los ángeles son parte de la estrategia del reino de Dios para llevar a cabo sus planes, que a menudo está relacionada con llevar ayuda a la humanidad. Por ejemplo: cuando un profeta llamado Eliseo enfrentó amenazas y enviaron un ejército en su contra, no tuvo miedo, pero uno de sus criados naturalmente entró en pánico. "Entonces Eliseo oró: 'Señor, ábrele a Guiezi los ojos para que vea'. El Señor así lo hizo y el criado vio que la colina estaba llena de caballos y de carros de fuego alrededor de Eliseo"[27].

Eliseo sabía que Dios había enviado ayuda en un momento de angustia. Experimentar a los ángeles a través de tu vista natural debería impulsarte a confiar en Dios, no en los ángeles, porque ellos hacen su voluntad. Y debes saber que, si nunca has visto un ángel, no significa que no estén contigo. Hebreos 13:2 nos recuerda que muchos de nosotros nos hemos encontrado con ángeles bajo la apariencia de extraños que se veían y sonaban como nosotros.

Dado que el vidente puede ver en lo natural lo que otros no pueden, es posible que también vea el lado oscuro de lo que otros no ven: las actividades de lo demoníaco. Pero es importante entender que, cuando te sometes al Espíritu Santo, tu capacidad de ver está gobernada por la voluntad de Dios, por lo que no importa lo que se te revele: no puede dañarte y la experiencia tiene un propósito para tu bien.

Visión espiritual

La vista espiritual se puede experimentar a través de visiones o sueños. Las visiones pueden ser una descarga de información visual recibida a través de tu vista espiritual. Casi todo el libro de Apocalipsis fue una visión que Juan recibió.

Cuando oro, con frecuencia Dios me entrega visiones que me proporcionan una mirada profunda del tema de mis oraciones. Por ejemplo: recuerdo haber orado por un proyecto que Dios había puesto en mi corazón para desarrollar, pero había otras actividades relacionadas con el trabajo que exigían mi tiempo. Así que no me estaba esforzando tanto como debía hacerlo. Cierto día, mientras oraba por el proyecto, Dios me envió la visión de un reloj de arena volteado con un poco de arena aún por derramar hacia la cámara inferior. En la visión, escuché: "Se te está acabando el tiempo". Inmediatamente entendí que lo que Dios requería de mí era una mejor administración de mi tiempo, con el fin de finalizar lo que Él me había inspirado a comenzar.

Las visiones y los sueños nos revelan la Palabra de Dios. En el Antiguo Testamento, eran la forma principal en la que Dios hablaba a la gente, tanto que, cuando Dios estaba callado por una razón u otra, había falta de mirada espiritual[28]. Hoy en día, las visiones siguen siendo fundamentales para experimentar la voz de Dios. A veces pueden ser interactivas: mientras estás despierto, puedes hallarte visual y mentalmente ocupado en una experiencia sobrenatural con el Señor. El Nuevo Testamento también da ejemplos de visiones interactivas. Hechos 9:10 relata: "Había entonces en Damasco un discípulo llamado Ananías, a quien el Señor dijo en visión: Ananías. Y él respondió: Heme aquí, Señor". Entonces Dios le dio instrucciones a Ananías sobre el modo de llevar a cabo el propósito de Dios.

La diferencia clave entre las visiones y los sueños es que una visión se da cuando una persona está despierta, mientras que un sueño, una "visión de la noche", se da cuando una persona está dormida.

Los sueños son únicos

Los sueños son únicos en el sentido de que podemos conocer, oír y sentir, todo al mismo tiempo; y durante el estado de sueño reparador, somos más receptivos a experimentar la voz de Dios. Debido a que hoy el Espíritu Santo está con nosotros y en nosotros, Dios nos habla en nuestros sueños con mucha más frecuencia de lo que somos capaces de darnos cuenta, y es emocionante sacar ventaja de esto. El reino de los sueños ofrece la oportunidad de que la inteligencia y el ajetreo de la humanidad no se interpongan en el camino. De acuerdo con Job 33:14-16:

> El reino de los sueños nos brinda la oportunidad de que el raciocino y el ajetreo no interfieran en el camino.

> ...de una o de dos maneras habla Dios; pero el hombre no entiende. Por sueño, en visión nocturna, cuando el sueño cae sobre los hombres, cuando se adormecen sobre el lecho, entonces revela al oído de los hombres y les señala su consejo.

¿Podría ser que mientras estamos actuando la vida, nuestros oídos están cerrados debido al ajetreo de nuestros días? Si bien somos conscientes de nuestras actividades diarias, ¿no somos conscientes de la voz de Dios? Nuestros estilos de vida distraídos nublan la sensibilidad necesaria para experimentar la voz de Dios. Así que el reino de los sueños se convierte en una gran oportunidad para que Dios nos instruya.

En ese ámbito, Dios puede enseñarnos sin que nuestras mentes "racionales" nos interrumpan. Hay menos argumentos humanos para contrarrestar la sabiduría y la instrucción de Dios, lo que permite un flujo más limpio de revelación. Los sueños presentan la mejor oportunidad para que experimentes la voz de Dios sin estar temeroso o ansioso. A través de los sueños, Dios te encuentra en tu estado de reposo para brindarte orientación y estrategias para tu vida.

Preguntas de reflexión

1. Reflexiona sobre las veces que has experimentado la voz de Dios en tu vida. ¿Cuál de las cuatro formas —sentir, conocer, oír o ver— has experimentado más? ¿En cuál te gustaría crecer?
2. Dios nos habla para comunicarse y fortalecer su relación con nosotros. Considera qué te impulsa a aumentar la comprensión de tus sueños.

DOS

TÚ, EL SOÑADOR

El pan nuestro de cada día, dánoslo hoy.

Mateo 6:11

El día en que descubrí que estaba embarazada, grité de alegría. Mi esposo y yo no lo estábamos planeando, solo llevábamos cuatro meses casados, pero estábamos abiertos a la voluntad de Dios. Cuando fuera que sucediera, habíamos decidido, le abrazaríamos y ajustaríamos nuestras vidas en consecuencia.

Ese día lo cambió todo. Al instante me sintonicé en modo mamá y lo abracé. Por ejemplo, sabía que tenía que adaptar mi nutrición para el desarrollo de un bebé. A pesar de que uno de mis platos favoritos es el sushi, el sushi es un "no-no" para las embarazadas.

¡Qué diferencia puede hacer un día cuando contiene revelación e intuición! Si no me hubiera hecho esa prueba de embarazo, ese día habría sido rutinario, aunque ignorar mi estado no habría cambiado la verdad. En cambio, el hecho de saber que estaba embarazada me brindó la oportunidad de asociarme con la verdad y cuidar mejor del regalo que llevaba.

Una revelación diaria

Hay un dicho común: "La misma cosa, diferente día". Basándonos en nuestras rutinas y horarios, cada día puede parecernos similar. La realidad es que cada uno es completamente diferente. Lo que importa es nuestro enfoque, si la vida pasa por nosotros o si somos proactivos al respecto. Este es el poder de ser diligente con nuestros días. Cada día es una oportunidad para vivir la voluntad de Dios. Y cada noche es una oportunidad para que se revele la voluntad de Dios.

> Cada día es una oportunidad para vivir la voluntad de Dios. Cada noche es una oportunidad para que Dios se nos revele.

Jesús enfatizó esta verdad enseñando a sus discípulos a orar por el pan de cada día, como una referencia a la comunicación diaria con Dios[1]. De hecho, Jesús a menudo comparaba el alimento con hacer la voluntad de Dios, diciendo: "Mi comida es hacer la voluntad del que me envió"[2]. Cada día contiene revelaciones particulares que nos instruyen en nuestras interacciones y decisiones. Por lo tanto, debemos buscar regularmente los mensajes de Dios en todas las formas en que Él habla. Los sueños son un poderoso medio de comunicación divina. A través de ellos, tenemos la oportunidad diaria de recibir guía divina.

Un tesoro de valor incalculable

Todo el mundo sueña unas dos horas cada noche[3]. Incluso las personas ciegas de nacimiento pueden soñar con imágenes visuales[4]. Los investigadores han descubierto que, por lo general, tenemos varios sueños cada noche que duran entre cinco y veinte minutos[5]. ¡Es mucho tiempo para recibir mensajes de Dios! Podrías tener un sueño de siete minutos, y que se sienta como un día entero. Esta es una de las formas en que los sueños se hacen eco del reino espiritual. Cuando tu espíritu se encuentra con Dios en un sueño, no experimentas el tiempo del mismo modo en que lo haces cuando estás despierto, similarmente a como 2 Pedro 3:8 dice que "para el Señor un día es como mil años, y mil años como un día". Las palabras clave allí son "para el Señor" (NVI).

Entonces, si está comprobado que todo el mundo sueña, ¿por qué algunas personas dicen que nunca sueñan? Según la investigación, alrededor del 95% de los sueños se olvidan rápidamente poco después de despertar[6]. En otras palabras, todos sueñan, pero no todos recuerdan. Esto no debe tratarse a la ligera. Si estás olvidando un sueño que vino de Dios, eso es como alejarte de un tesoro invaluable que podría transformar tu vida, tu familia y la comunidad o el mundo que te rodea.

Hemos visto esto a lo largo de la historia: la forma en que los sueños han moldeado e impactado vidas y culturas durante generaciones. Examinemos las historias de algunos.

En primer lugar, vemos que la vida de nuestro propio Mesías pendía de un sueño. Después del nacimiento de Jesús, el rey Herodes se enteró de que había nacido un niño que iba a ser "Rey de los judíos"[7], y esta noticia le preocupó mucho. Vio al bebé como una amenaza para su reino y gobierno, por lo que buscó al niño para matarlo. La vida de Jesús estaba en juego y fue a través de un sueño que Dios, en su sabiduría, eligió advertir al cuidador de Jesús, José:

> ...he aquí un ángel del Señor apareció en sueños a José y dijo: Levántate y toma al niño y a su madre, y huye a Egipto, y

> permanece allá hasta que yo te diga; porque acontecerá que Herodes buscará al niño para matarlo. Y él, despertando, tomó de noche al niño y a su madre, y se fue a Egipto...[8]

Dios eligió hablar con José a través de un sueño en lugar de un encuentro directo, y esto evidencia lo importantes que son los sueños para Dios. Ahora veamos a otras personas cuyas vidas cambiaron debido a sus sueños. Estas historias abren una ventana al misterioso y poderoso mundo de los sueños.

Sueños que dan forma al mundo

Los sueños han inspirado inventos increíbles. Tomemos como ejemplo la máquina de coser, desarrollada en 1845 por Elias Howe. Después de enfrentar varios fracasos, un sueño lo cambió todo.

> Howe soñó que estaba construyendo una máquina de coser para un rey salvaje en una tierra lejana. El rey le dio veinticuatro horas para completar la máquina, pero en su sueño, como en su vida de vigilia, no pudo hacer que funcionara. El plazo pasó. Los guerreros del rey vinieron a ejecutarlo. Mientras marchaba hacia su muerte, se dio cuenta de que las lanzas que sostenían los guerreros estaban todas perforadas cerca de la punta. De repente se dio cuenta de que esa era la solución que había estado buscando[9].

El invento de Howe transformó la industria de la confección. La producción aumentó significativamente y la ropa se hizo más asequible. También transformó su vida, llevándolo de la pobreza a la riqueza, pues su diseño se convirtió en una característica estándar para las máquinas de costura, y dio como resultado importantes ganancias a partir de regalías.

En los sueños también podemos recibir información que mejore nuestro desempeño profesional, aumentando nuestro éxito e influencia en la carrera a la que Dios nos ha llamado. Jack William Nicklaus, por ejemplo, es un golfista profesional estadounidense conocido por ser uno de los mejores golfistas de todos los tiempos[10]. En 1964, compartió con un reportero cómo un sueño ayudó a su *swing* de golf:

> Les estaba pegando bastante bien en el sueño, y de repente me di cuenta de que no estaba sosteniendo el palo de la forma en que lo he estado sosteniendo últimamente. He tenido problemas para colapsar mi brazo derecho, alejar el cabezal del palo de la pelota, pero lo estaba haciendo perfectamente mientras dormía. Así que cuando llegué al curso ayer por la mañana, lo probé de la manera en que lo hice en mi sueño y funcionó. Ayer tiré un 68 y hoy un 65[11].

El físico más influyente del siglo XX, Albert Einstein, tuvo un sueño en el que bajaba en trineo por una colina empinada a una velocidad inmensa. A medida que descendía, se acercaba a la velocidad de la luz. Eventualmente, los colores del mundo que le rodeaba comenzaron a cambiar. Se dio cuenta de que, a velocidades tan altas, las leyes de la física tal como las conocemos se rompen. A través de este sueño encontró inspiración para su teoría general de la relatividad, la cual revolucionó nuestra comprensión del universo. El sueño de Einstein nos muestra que los sueños pueden conducir a descubrimientos transformadores en la ciencia y la tecnología.

Incluso las películas y las historias que capturan los corazones de muchos pueden originarse en los sueños. Citemos como ejemplo la franquicia *Avatar*, que le llegó al director y guionista, James Cameron, en un sueño a la edad de diecinueve años.

> Me desperté después de soñar con una especie de bosque bioluminiscente con estos árboles que parecían lámparas de fibra óptica, y el río que brillaba con partículas bioluminiscentes, y una especie de musgo púrpura en el suelo que se iluminaba cuando caminabas sobre él. Y un tipo de lagartijas que no parecían gran cosa hasta que despegaron. Y luego se convirtieron en aquellos ventiladores giratorios, algo así como frisbis vivientes, que bajan y aterrizan en algo. Todo estaba en el sueño. Me desperté súper emocionado y de hecho lo dibujé. Así que en realidad tengo un dibujo. Nos salvó de unas diez demandas[12].

Cuando me enteré por primera vez de que *Avatar*, una de mis películas favoritas, había sido inspirada en un sueño, me recordó uno que tuve cuando era niña con relación a una canción. La canción era increíble y recuerdo que me desperté emocionadísima con ella. Se lo conté a mi hermano mayor y se sorprendió de que una canción tan bien hecha hubiera salido de un sueño. Indagó más, queriendo asegurarse de que no era algo que yo hubiera escuchado en la radio. Le aseguré que nunca la había escuchado, excepto por primera vez en el sueño.

Un par de meses después, la canción exacta que escuché en el sueño fue lanzada por un artista conocido. ¡Me dejó boquiabierta! Le pedí al Señor que me mostrara por qué me permitió tener esa experiencia. Una de las cosas que aprendí fue que la mayoría de las ideas tienen una fuente espiritual. Las ideas pueden venir de Dios, de Satanás o de uno mismo. El Señor me estaba enseñando a una edad muy temprana a no tomar a la ligera las ideas que me llegan. Podrían ser ideas inspiradas por Dios para alguna cosa que se haya propuesto hacer en la tierra a través de la música, el cine, la ciencia o la educación.

Ideas divinas

Tal vez hayas experimentado algo similar, donde una idea brillante y única se te ocurrió a través de un sueño u otros medios de inspiración, pero nunca se materializó más allá de una conversación casual. Más tarde, alguien que no conocías crea lo que una vez fue "tu" idea, dejándote con la incógnita de cómo pudo suceder. Hay dos explicaciones posibles: Dios pudo haber querido instruirte acerca de las ideas y la inteligencia divina, o la idea te fue revelada porque tenías la capacidad de producirla, como he experimentado en numerosas ocasiones. Muchos de los proyectos que he ejecutado nacieron de visiones o instrucciones que llegaron a través de sueños.

Sin embargo, no somos dueños de estas ideas divinas; simplemente se nos revelan. Al final, Dios se asocia con aquellos que están dispuestos a trabajar para hacer realidad la idea. Todo lo que Dios se ha propuesto será realizado a través de quienquiera que esté dispuesto y entregado. Si has recibido tales sueños, préstales atención y busca la confirmación humildemente a través de la oración, para determinar si es algo en lo que Dios desea asociarse contigo.

He aquí una sencilla oración:

> *Querido Padre celestial, te encomiendo este sueño. Si esta visión es algo que deseas que yo cumpla en la tierra, por favor carga*

mi corazón con ella. Concédeme sabiduría, comprensión y estrategia en cada paso que debo dar para llevarla a buen término. Además, te ruego, concédeme el favor de aquellos que puedan ayudarme a ejecutarla y tráeme relaciones divinas para ayudar en su realización. Si lucho con la duda o tengo ganas de rendirme, por favor hazme reconocer tu presencia, recordándome que estás conmigo. Que no me ciegue la ganancia egoísta y, llegado el momento en que necesites que me aleje de ella, que se haga tu voluntad. En el nombre de Jesús, amén.

La intención de Dios al hablar

Dios nunca habla en vano. Sus palabras siempre están en la asignación de alinearnos con su voluntad y propósito para nuestras vidas. Por esta razón, Él habla a todos, creyentes e incrédulos por igual, porque todos fuimos creados con un propósito. Dios tiene un plan para todos en la tierra.

Cuando comenzamos a reconocer que no fuimos creados para depender de nuestra sabiduría, sino para rendirnos más a Dios, nos volvemos más sensibles a su voz y su guía. Tomemos como ejemplo a Pilato. Después de que Jesús fue traicionado por Judas y llevado por las autoridades bajo falsas acusaciones, Pilato, que era gobernador de la provincia romana de Judea y el funcionario que presidió el juicio sobre Jesús, reconoció la envidia de la gente hacia Él[13]. Algo en la postura emocional de Pilato puso en evidencia que no estaba dispuesto a confiar plenamente en la opinión pública. Más bien, lo impulsaba el deseo de buscar la verdad. No es casualidad que su esposa tuviera un sueño que confirmaba la inocencia de Jesús: "Y estando él sentado en el tribunal, su mujer le mandó decir: No tengas nada que ver con ese justo; porque hoy he padecido mucho en sueños por causa de él"[14]. Aunque nada de esto impidió la crucifixión de Jesús, el sueño probablemente tuvo el propósito de revelar la verdad y evitarle a Pilato y a su esposa la culpa por el asesinato de un hombre inocente. Pilato no pudo detener las demandas de sus acusadores, pero sí declaró a Jesús una "persona justa", exactamente como su esposa le advirtiera[15]. En este incidente, Dios se asoció con Pilato y su esposa, utilizando su curiosidad acerca de la inocencia de Jesús para conducirlos a la verdad.

Así es como eso te impacta. A medida que sientas curiosidad acerca de tu vida, las cosas conectadas contigo y lo que Dios puede hacer a través de ti, comenzarás a reconocer y apreciar cada día como una oportunidad para asociarte con Dios a través de tus sueños y ser guiado a la verdad.

Ya sueñas. Ese espacio ya existe. El problema es que muchos no recuerdan la información que les fue entregada. Para ayudar a evitar que olvides tus sueños, profundicemos en algunos de sus principios espirituales.

El bloqueo es real

Así como podemos bloquear a un contacto en nuestro teléfono, en las redes sociales o en nuestro correo electrónico, podemos establecer un bloqueo espiritual. Nuestros sueños son una de las formas en las que Dios se comunica con nosotros y los bloqueos espirituales pueden impedirnos recibir o recordar esos sueños. Esto se debe a que la comunicación eficaz requiere acceso.

En nuestra relación con Dios, el corazón es el punto de acceso para la comunicación. Fíjate cómo la palabra "oído" en inglés (*ear*) está incluida en la palabra "corazón" en ese idioma (*heart*). Es a través del corazón que recibimos y comprendemos los mensajes de Dios. Cuando nuestros corazones son puros y libres de contaminantes, la comunicación con Dios es fácil. Nada la bloquea. Es por eso que Mateo 5:8 dice: "Bienaventurados los de limpio corazón, porque ellos verán a Dios". La pureza de nuestros corazones nos da acceso a las experiencias de Dios, las cuales incluyen compartir intimidad con Él, recibir instrucciones y obtener claridad.

Cuando nuestros corazones se endurecen, nuestra capacidad de recibir esas comunicaciones de Dios se embota. Bíblicamente, existe una conexión entre la incapacidad de una persona para entender o percibir un mensaje de Dios y su corazón endurecido[16]. No es coincidencia que a una persona con un corazón endurecido también se le pueda decir que es "ciega"[17]. Cuando olvidamos nuestros sueños, es posible que nos hayamos vuelto ciegos a sus mensajes, a pesar de su importancia.

A través de mi propia relación con Dios y mi experiencia como predicadora, he descubierto dos factores principales que bloquean nuestra comunicación con el Señor: la falta de perdón y el miedo.

Bloqueados por ausencia de perdón

Al crecer sin un padre, tuve mucha ira reprimida. Cuando era niña, a menudo fantaseaba con la muerte de los involucrados en el asesinato de mi padre. Tampoco ayudaba que la mayoría de mis amigos crecieran con ambos padres. Ver a sus familias era un recordatorio constante de lo que me habían robado, y mi ira y amargura solo crecían.

Cuando conocí a Dios a los nueve años, hubo un momento en que Él me enseñó la importancia de amar a los demás, incluso a aquellos que consideramos nuestros enemigos. Nunca olvidaré las palabras que pronunció y que cambiaron la postura de mi corazón. Él dijo: "Nadie te lastima desde un lugar de amor o sabiduría". Me di cuenta de que quienes nos hacen daño son víctimas de su propio ego fracturado, que es explotado por el Enemigo para llevar a cabo sus órdenes.

¿Alguna vez te has preguntado por qué Judas se suicidó después de traicionar a Jesús?[18] Para darles contexto, Judas fue uno de los doce discípulos que seguían a Jesús. Una de sus responsabilidades era vigilar la bolsa de dinero. Esto significa que supervisaba los gastos de comida y refugio de Jesús y sus seguidores, lo mismo que para propósitos ministeriales. Pero Judas también tenía problemas con la integridad. Lo sabemos porque quedó registrado que robaba de la bolsa de dinero[19].

Ahora bien, Jesús no le dio a Judas ese papel con la bolsa de dinero por error. Más bien, Él sana lo que estamos dispuestos a revelar. A veces Él nos pone en una posición o en una circunstancia que tiende a mostrar nuestra debilidad y nuestra necesidad de su sanidad.

Pero Judas estaba demasiado atrapado en el quebrantamiento de su codicia para ver la verdad. A pesar de qué Jesús escogió a Judas para que lo siguiera desde un lugar de amor, para sanarlo y restaurarlo de modo que pudiera llegar a la plenitud del potencial que Dios le había dado, Judas lo vio como una oportunidad para obtener ganancias egoístas. Por eso, en una conversación con los que buscaban la vida de Jesús, Judas preguntó: "¿Qué me queréis dar, y yo os lo entregaré?"[20]. Judas estaba dispuesto a traicionar a Jesús desde el lugar de su quebrantamiento y eso abrió la puerta para que Satanás influyera en su comportamiento. Después de que el acto se llevó a cabo y Judas se dio cuenta del papel que había desempeñado, la culpa fue demasiado difícil de soportar y terminó con su vida. Su comportamiento equivocado es similar al de aquellos bajo influencia de drogas o alcohol, y que no están totalmente conscientes de sus acciones o del efecto dominó de sus decisiones. Judas no estaba borracho ni drogado, pero estaba bajo un tipo diferente de influencia: una influencia demoníaca[21].

Comparto esta historia sobre Judas para recordarnos que, a menudo, cuando las personas nos lastiman y luchamos por perdonar —probablemente por razones válidas—, la verdad es que esas personas no fueron la verdadera fuente de nuestro dolor. Más bien, su debilidad y quebrantamiento abrieron una puerta para que el Enemigo influyera en su comportamiento contra nuestra vida. Efesios 6:12 dice: "Porque no tenemos lucha contra sangre y carne, sino contra principados, contra potestades, contra los gobernadores de las tinieblas de este siglo, contra huestes espirituales de maldad en las regiones celestes".

Fuimos creados a imagen de Dios. A través de nuestra relación con Jesús, podemos caminar hacia la restauración de esa imagen. Por otro lado, el engaño, la manipulación, el control, el abuso y los patrones tóxicos son evidentes en una persona que no ha descubierto su verdadera naturaleza. Y esa falta de descubrimiento conduce a víctimas que afectan a personas como tú y como yo. También es cierto que, de igual modo, nuestro quebrantamiento ha herido a otros. Puede que no sea de la misma manera, pero es posible que te sorprenda saber que alguien te guarde resentimiento y no te perdone por algo que hiciste mientras estabas "bajo la influencia".

Por supuesto, el perdón no debe confundirse con la restauración de una relación. La verdadera restauración requiere una comprensión mutua de los errores y la aceptación de un cambio saludable. Tampoco debe confundirse el perdón con una exención de consecuencias. El perdón es el abrazo de nuestra identidad en Dios, que es una identidad de amor[22]. Guarda la pureza de nuestro corazón. No significa necesariamente que el ofensor vaya a cambiar, pero es una solución para mantener el veneno fuera de nosotros.

La ausencia de perdón envenena nuestro acceso a la verdadera intimidad y compañerismo con Dios, porque la falta de perdón es un odio sutil. Desarrolla en nosotros el odio y la amargura hacia el otro, emociones que van desde un sentimiento, hasta el pensamiento y el ser. Aunque parezca que afecta solo un área de tu vida, la ausencia de perdón se apodera lentamente de la forma en que ves e interactúas con las personas. Crea una capa de juicio negativo hacia las acciones de los demás y los eventos que acontecen, todo lo cual puede impedirte recibir la verdad. Es una limitación, por defecto, para las cosas que tu corazón puede recibir de Dios.

A veces, puede que la acción de una persona no haya sido la causa de que el resentimiento se enconara en nuestros corazones. Podría ser algo que nosotros mismos hayamos hecho, faltas que hayamos cometido. Tal vez, como Judas, te has identificado a ti mismo como tus errores. Me alegra decirte que hay un camino alternativo. Tu historia no tiene por qué terminar como la suya. No hay nada que hayas hecho que sea un shock para Dios. Él es omnisciente y aun así te elige a ti. Él todavía tiene planes para ti. Es hora de soltar aquello y aferrarse al propósito y a la verdad. Cuando caminas en pureza de corazón, estás en posición para caminar con Dios, tu sensibilidad a su voz se eleva y eres capaz de recibir sus mensajes. Sus canales de comunicación están desobstruidos.

Bloqueado por el miedo

Tal vez sepas que el mandamiento más repetido en la Biblia es: "No temas"[23]. Al igual que la falta de perdón, el temor nos impide caminar con Dios. Esto se debe a que el miedo es una barrera para abrazar el amor de Dios. De acuerdo con 1 Juan 4:18: "En el amor no hay temor, sino que el amor perfecto echa afuera el temor. El que teme espera el castigo, así que no ha sido perfeccionado en el amor" (NVI).

Permítanme señalar que el tipo de miedo del que estoy hablando aquí no se trata del miedo como respuesta emocional a la percepción de un posible daño, amenaza o perjuicio. Ese tipo de miedo es un mecanismo natural de protección que nos ayuda a navegar y responder a un peligro real. El tipo de temor referido en 1 Juan es el que paraliza y debilita nuestra capacidad de vivir nuestro verdadero propósito. Es el tipo de temor que corrompe la verdad acerca del amor de Dios, su Palabra, sus promesas y su carácter. Este tipo de miedo extrae su poder de la incertidumbre.

Cuando era niña, un miembro de mi familia y yo estuvimos expuestos a lo sobrenatural a una edad temprana. Tuvimos varias experiencias que desafiaban la lógica y el razonamiento natural. Sorprendentemente, respondimos de manera diferente a los encuentros que tuvimos con Dios. Yo los abracé porque, por un lado, no podía negarlos y, por otro, porque tenía curiosidad por saber más acerca de Dios. Quería entender las experiencias bíblicas que estaba teniendo, como ver ángeles, tener sueños sobre cosas antes de que sucedieran y así.

Sin embargo, este miembro de la familia respondió con miedo. Vio las experiencias a través de una lente de pérdida de control. Si no podía entender lógicamente cómo ocurrieron estas experiencias, no quería participar. Su miedo no era tanto por lo que veía, como por abrazar lo sobrenatural. Mientras mis encuentros con Dios y los mensajes de Él se amplificaban, a este miembro de la familia le sucedió lo contrario. El Espíritu de Dios nunca es forzoso, según Apocalipsis 3:20. Jesús dijo: "He aquí, yo estoy a la puerta y llamo; si alguno oye mi voz y abre la puerta, entraré a él, y cenaré con él, y él conmigo". Cuando abrimos la puerta a través de nuestra confianza, fe y seguridad en el amor, la sabiduría y el liderazgo de Dios, Él comulga con nosotros. Desafortunadamente, aunque muchos tienen el deseo de abrir la puerta, el miedo a lo desconocido les impide girar la perilla.

Cuando piensas en las áreas de tu vida en las que el miedo te hizo resistirte a dar un paso hacia algo que deseabas, lo más probable es que recuerdes haber experimentado cierta incertidumbre sobre el resultado. Esto se debe a que el miedo extrae su poder de la incertidumbre.

La incertidumbre puede ser un regalo o una maldición para tu imaginación, dependiendo de dónde deposites tu confianza. Si confías en lo que ves o puedes controlar, es probable que tengas un miedo subyacente a cualquier cosa que pueda alterar tu sentido de normalidad. Ese miedo a menudo puede bloquear la comunicación con Dios porque el deseo de recibir mensajes de Dios, de hecho, es una invitación a que irrumpa.

Creo que cada uno de nosotros tiene una inclinación natural a conformarse con menos que nuestro verdadero potencial, porque nuestras expectativas están al nivel de nuestras experiencias y exposiciones, que siempre se quedan cortas.

El Salmo 139:17-18 reza: "¡Cuán preciosos, oh Dios, me son tus pensamientos! ¡Cuán inmensa es la suma de ellos! Si me propusiera contarlos, sumarían más que los granos de arena; al despertar, aún estaría contigo" (NVI). El autor de ese salmo, David, era un niño pastor cuya vida fue transformada por la Palabra de Dios que lo reveló como rey. Nunca limitó las posibilidades de lo que Dios podía hacer con él. David aprovechó la verdad acerca de los pensamientos de Dios con respecto a nosotros, la cual es que, si sus pensamientos hacia nosotros son infinitos, ¿quiénes deberíamos ser nosotros? La vida y la confianza de David nunca fueron moldeadas por lo que vio, sino más bien por lo que Dios dijo. ¿Qué es lo que Dios sabe de ti que ni siquiera hayas arañado la superficie? La curiosidad de hacer tales preguntas o pensar de tal manera vive al otro lado de tu miedo.

> El deseo de recibir mensajes de Dios es, de hecho, una invitación a que irrumpa.

En 2020 impartí un mensaje sobre la interpretación de los sueños que obtuvo más de un millón de visitas en línea. Después, muchas personas se acercaron a mí para contarme su lucha por recordar sus sueños. Algunos creían que simplemente no soñaban mientras que otros sí lo hacían, pero les preocupaba no poder recordar los detalles. Dediqué algo de tiempo a sesiones de consejería individual con un par de personas y el miedo era un tema clave que muchos compartían. Temían que un mensaje de Dios confirmara su necesidad de hacer un cambio con respecto a algo que idolatraban. Este miedo les impedía entender la voz de Dios en sus sueños.

Los ídolos pueden venir en muchas formas: cosas, personas, una carrera, un lugar. Son elementos externos a los que nos aferramos por validación, dignidad, significado, seguridad, etc. Cuando esos bienes —materiales o inmateriales— se convierten en ídolos, la idea de perderlos puede paralizar nuestro sentido de identidad de manera tan inconsciente, que naturalmente nos restringimos de cualquier cosa o persona que pueda interrumpir nuestro falso sentido de certeza.

Permítanme darles un ejemplo. Compartí algunas sesiones de consejería pastoral con una joven a la que llamaré Stacy. Su ídolo era una relación tóxica. Estaba saliendo con un chico que le era infiel. Cuando ella sacaba a relucir conversaciones sobre su futuro, él manipulaba la situación y le hacía cuestionar su compromiso. En el fondo, Stacy sabía que esa relación no tenía verdadero futuro. Habían estado saliendo de forma intermitente durante años y él siempre había mostrado los mismos patrones tóxicos. Pero ella argumentaba que estaban enamorados y que eventualmente él cambiaría su forma de ser.

A medida que profundizábamos, descubrimos que Stacy no se aferraba a esa relación por amor. Antes de conocerlo había luchado durante años con sentimientos de inseguridad y falta de valoración. Luego vino este hombre rico e influyente. A ella le encantaban los momentos de sentirse deseada por él. La hacía sentir vista. La relación le dio un sentido de valía. Pero se convirtió en un ídolo en su corazón, una forma de sobrellevar en lugar de llegar a ser.

Sobrellevar la situación puede parecer una salida fácil, pero te mantiene pequeño, sin descubrir nunca plenamente la grandeza que hay dentro de ti o las demás posibilidades que te rodean, lo cual siempre implica alguna modificación de tu pensamiento y tu forma de vida. El deseo de escuchar a Dios incluye la voluntad de renunciar al control para aceptar su guía sobre tu vida. La voz de Dios no puede ocupar el mismo espacio que tus ídolos. Para tener claridad, solo una voz puede guiarte.

Si has luchado contra el miedo y sospechas que es el culpable de que no puedas recordar tus sueños, anímate a saber que tienes el poder de elegir la esperanza. Muchos de nosotros ponemos alarmas en nuestros teléfonos para despertarnos cada mañana, pero no tenemos control ni certeza sobre si nos despertaremos. Tenemos la esperanza de que así sea.

Con el tiempo, Stacy se aferró a la esperanza. A pesar de que enfrentó incertidumbre sobre el amor y su deseo de casarse y tener una familia, se alejó de la falsa comodidad, lamentó la pérdida de "lo que pasaría si" y abrió su corazón a nuevas posibilidades. Comenzó a soñar de nuevo, tanto literal como figurativamente. Aprendió a amarse a sí misma y a recibir imágenes de cómo Dios la ve. Ella verdaderamente pasó del temor a la esperanza en Dios.

Si el miedo te ha estado impidiendo recordar tus sueños, puedes elegir la esperanza. La esperanza es un poderoso disruptor porque nos recuerda que todas las tormentas se quedan sin lluvia eventualmente, y que los desafíos actuales no son permanentes. La esperanza nos recuerda la verdad de que, independientemente de las incertidumbres de la vida y los desafíos que debemos atravesar, lo que está por venir es más grande que lo que ya hemos visto. He descubierto que no tenemos tanto miedo a perder. Más bien, es el devenir lo que realmente nos asusta: ser más de lo que hemos conocido, más de lo que nuestro entorno ha visto e ir más allá de la seguridad y recorrer el estrecho camino hacia el destino.

> "Eres un hijo de Dios. Jugar a empequeñecerte
> no le sirve al mundo.
> No hay nada esclarecedor en encogerse"[24].

No tienes que refugiarte en lo seguro cuando sabes que Dios está contigo y que su palabra para ti es evidencia de su presencia y poder[25]. A medida que te abres a Él, abrazas su amor y dejas al miedo marcharse, deja que te anime la verdad que su Palabra revela. Ella te revela a ti.

Espera y acepta la disrupción, y descubrirás la grandeza a través de soñar con Dios.

Nuevo cada mañana

Los sueños divinos pueden ser una expresión de la misericordia de Dios. Son su respuesta compasiva a nuestro deseo de su voz en nuestras vidas, de la verdad y de la búsqueda de las ideas que Él ha puesto en nuestros corazones. Incluso cuando no tenemos palabras o lenguaje para estas necesidades, Él escucha el clamor de nuestros corazones y reconoce los pasos que damos hacia Él. Pueden ser pequeños pasos, pero cada uno es crucial para Él.

A medida que das un paso adelante, deseando que Dios se comunique contigo a través de los sueños de forma regular, su misericordia permite que esos pequeños pasos tengan un impacto gigante. De acuerdo con Lamentaciones 3:22-23: "Por el gran amor del Señor no hemos sido consumidos y su compasión jamás se agota. Cada mañana se renuevan sus bondades..." (NVI). Cada mañana te despiertas para disfrutar del tesoro de la dirección divina en tu vida. Así como la misericordia de Dios se renueva cada mañana, así también tienes la oportunidad de recibir de Él a través de tus sueños cada mañana. A medida que buscas esa oportunidad, haz esta oración:

> *Padre Celestial, vengo ante ti doblegado por el pensamiento de tu misericordia y bondad. En tu misericordia, háblame. Restaura el poder de mis sueños, que serán un canal diario de comunicación contigo. Tu Palabra es la fuente de mi fuerza, que nunca se aparte de mí. En el nombre de Jesús, amén.*

Preguntas de reflexión

1. ¿Cuál es la razón principal por la que crees que no siempre recuerdas tus sueños?
2. Habiendo aprendido sobre cómo los sueños han impactado y moldeado vidas y culturas, comparte cuáles son tus esperanzas para tus sueños.

TRES

PREPARA TU CUERPO Y TU ALMA

Ve y pide para ti vasijas prestadas de todos tus vecinos, vasijas vacías, no pocas.

2 Reyes 4:3

La preparación da cabida a la asociación, pues crea un espacio para que Dios lo ocupe. Muy a menudo esperamos que Dios se encuentre con nosotros en un espacio que no hemos preparado para Él.

Una historia en 2 Reyes 4 cuenta acerca de una viuda que pidió ayuda al profeta Eliseo para pagar una deuda de su difunto esposo, y así proteger a sus dos hijos de ser tomados como esclavos. En aquellos días, el clamor de una persona a un profeta era una evidencia de su clamor a Dios, porque los profetas eran los portavoces de Dios. Extrañamente, Eliseo no le preguntó a la mujer cuánto necesitaba. En cambio, le preguntó: "¿Qué tienes en casa?"[1].

Todo lo que ella tenía en ese momento era una pequeña vasija de aceite de oliva. Eliseo usó eso como base y le dijo a la mujer que pidiera a sus vecinos jarras vacías, y que reuniera tantas como pudiera. Luego le indicó que tomara la pequeña jarra que tenía y vertiera el aceite en los frascos que había pedido prestados a sus vecinos. Sobrenaturalmente, un suministro abundante llenó cada vasija y dejó de fluir solo cuando no quedaba ningún envase más. Entonces, Eliseo le ordenó que vendiera el aceite y pagara sus deudas, lo que mantendría a su familia.

Esta historia ofrece increíbles revelaciones de cómo obra Dios. Antes de nada, la viuda necesitaba hacerle espacio a Dios teniendo algo que Él pudiera llenar. Él llenó lo que ella había preparado. A Dios nunca le falta capacidad para satisfacer nuestras necesidades, pero estamos limitados por cuánto estamos preparados para recibir. El espacio que proveemos es el espacio que Él llena. La calidad de nuestra preparación puede ampliar nuestra capacidad de encontrarnos con Dios mientras dormimos.

> Acepta la necesidad de estar preparado inmediatamente, pero espera resultados graduales.

La preparación es vital.

Dios nos equipa antes de enviarnos. Jesús vivió treinta y tres años en la tierra y, de esos, solo tres años fueron diseñados para su asignación terrenal. La mayoría de esos años estuvieron dedicados a equiparse. Es importante entender esto, porque mientras nos preparamos para encontrarnos con Dios en nuestros sueños, debemos realizar modificaciones en nuestra disciplina y eso no sucede de la noche a la mañana. Requiere intencionalidad, tiempo y consistencia. Acepta la necesidad de prepararte de inmediato, pero espera resultados graduales.

Hay disciplinas clave que pueden ayudarnos a crecer en la fe. Recuerda, es importante ser consistentes. No debemos desanimarnos si no vemos resultados inmediatos. Se trata de un proceso. Ya sea que experimentemos sueños proféticos consecutivos o que, aparentemente, no haya ningún cambio, no podemos darnos por vencidos.

La fe a menudo se prueba a través de la constancia. A veces Dios esperará para ver nuestra consistencia como evidencia de nuestra fe. La fe significa la diferencia entre algo que sucede y algo que no sucede, porque nuestra fe nos une a Dios. Es nuestro acuerdo con Dios lo que nos da permiso para encontrar o experimentar lo que Él tiene para nosotros. La incredulidad, por otro lado, es peligrosa porque crea distancia entre nosotros y la Palabra de Dios. Si nos separamos de la Palabra, ya no somos capaces de producir el propósito que se pretende.

Entonces, ¿cómo debemos prepararnos?

Hay cuatro áreas clave en las que debemos enfocarnos a medida que hacemos espacio para que Dios se comunique en nuestros sueños. Estas incluyen: nuestra alma, comida, descanso para nuestros cuerpos y lo que yo llamo los primeros noventa segundos.

Preparación para los sueños

La ingesta del alma

Fuiste creado como un ser tripartito; es decir, que consta de tres partes: espíritu, alma y cuerpo. Esta distinción se puede reconocer en 1 Tesalonicenses 5:23, donde dice: "Que Dios mismo, el Dios de paz, los santifique por completo, y conserve todo su ser —espíritu, alma y cuerpo—, irreprochable para la venida de nuestro Señor Jesucristo" (NVI).

Cuando Dios creó al hombre, lo formó del polvo de la tierra, que es el cuerpo y la carne. Luego sopló en él "aliento de vida"[2], que es el espíritu del hombre. E inmediatamente el hombre se convirtió en un alma viviente. Esto nos sugiere que, cuando el espíritu del hombre se encontró con el cuerpo, el alma fue producida. Aunque están entrelazados, el espíritu y el alma funcionan por separado. Dios se comunica con tu espíritu y lo que dice es traducido por tu alma. El alma determina cómo percibes y recibes los mensajes de Dios[3]. Es por eso que, cuando las personas comparten mensajes que recibieron de Dios, tienen varias formas de expresión y significado con respecto al lenguaje o los símbolos utilizados que podrían ser traducidos por alguien más como algo completamente diferente.

El alma es la sede de nuestro intelecto y emociones (lo que comúnmente vemos como nuestra mente y corazón), así como de las experiencias y el libre albedrío. Aquello a lo que expones a tu alma puede traer claridad o contaminar los mensajes de Dios. Es por esta razón que Satanás es un enemigo de tu alma[4]. Él no puede tocar tu espíritu y tu cuerpo terrenal ya está destinado a la muerte, pero, si llega a influir en tu alma, puede lograr la victoria sobre tu vida.

Es importante comprender el concepto de "la ingesta del alma", ya que puede tener un impacto crucial en nuestro bienestar general. Lo que consumimos visualmente, auditivamente o de manera experiencial, a través de lo que vemos, leemos, escuchamos o hacemos en nuestra vida diaria, es parte de la ingesta del alma. Esta exposición tiene el poder de influir en nuestros pensamientos y emociones, ya sea de manera positiva o negativa. Como creyentes, es esencial que elijamos sabiamente nuestra ingesta, porque cualquier cosa que nos deje inspirados, animados y llenos de fe es buena para nuestra alma, mientras que cualquier cosa que nos lleve a pensamientos, emociones y patrones negativos es mala para el alma.

En Filipenses 4:8, Pablo nos aconsejó que pensáramos en cosas que son verdaderas, puras y dignas de alabanza. Lo que dejamos entrar en nuestras mentes importa porque moldea cómo pensamos y sentimos. Pasar tiempo con la Palabra de Dios es como darle a nuestra mente una comida saludable: nos ayuda a pensar de la manera que Dios quiere que pensemos. Esta es también la razón por la que la adoración es tan transformadora: nos permite poner nuestras mentes en Dios, lo que cambia nuestro enfoque, del miedo y la ansiedad a la fe y la confianza en Él. Como dice Isaías 26:3: "Tú guardarás en completa paz a aquel cuyo pensamiento en ti persevera; porque en ti ha confiado".

Ahora, aquí está la conexión con los sueños. Lo que dejamos entrar en nuestra mente y corazón antes de dormir puede afectar los tipos de sueños que tenemos. Las cosas negativas o aterradoras pueden conducir a pesadillas, pero el contenido positivo y lleno de fe crea un mejor ambiente para recibir mensajes de Dios. Sé consciente de dónde pones el foco antes de acostarte. En lugar de películas de terror o medios negativos, intenta leer la Biblia, escuchar música de adoración u orar. De esa manera te estás preparando para ser más sensible al Espíritu Santo, aumentando las posibilidades de tener sueños que traigan mensajes y conocimientos de Dios. Somos moldeados por lo que contemplamos. Al contemplar al Señor antes de acostarnos, hacemos espacio para una comunicación continuada a través de nuestros sueños. Sin embargo, si lo último que vemos es una película de miedo, eso es lo que podría aparecer en nuestros sueños. El espíritu de temor expresado a través de la película no proviene de Dios; es una forma en la que Satanás puede influir en tus sueños[5]. Es importante que seas intencional en cuanto a la ingesta de tu alma si quieres oír la voz de Dios en tus sueños.

Alimentación

En 2018, Burger King creó un sándwich de Halloween llamado *Nightmare King* (en inglés, "rey de las pesadillas"), y se demostró clínicamente que, de hecho, induce pesadillas[6]. Llevaron a cabo un estudio del sueño durante diez noches con cien participantes y descubrieron que comer el "*Nightmare King*" aumentaba tres veces y media las probabilidades de que una persona tuviera pesadillas. Uno de sus participantes recordó a un extraterrestre atacando el barco en el que estaba en su sueño.

Quizás te preguntes cómo una hamburguesa puede aumentar las posibilidades de tener una pesadilla. Según el médico principal del estudio, la combinación de queso y proteína de la hamburguesa condujo a sueños vívidos. Algunos podrían decir que esto es una coincidencia, pero parece aconsejable, sin embargo, evitar alimentos pesados y grasos antes de dormir, si se desea un sueño saludable. Por eso, las personas a menudo concluyen que un mal sueño fue un "sueño de pizza", como consecuencia de comer demasiada pizza o una comida grasosa antes de ir a la cama.

Además, investigaciones destacan los efectos dañinos en la función cognitiva de los malos hábitos alimenticios. El consumo de una dieta rica en grasas saturadas y azúcares puede provocar niebla mental, deterioro de la memoria y deterioro cognitivo[7]. Estos efectos pueden ser perjudiciales para nuestra capacidad de oír a Dios por medio de los sueños y sentirnos motivados a hacer lo que Él dice. Por el contrario, un cuerpo y una mente bien nutridos pueden conducir a una mejor función cognitiva, una mayor claridad y un enfoque más agudo, lo que nos prepara para sintonizar mejor con la voz de Dios.

Entiendo una conexión espiritual adicional entre la comida y la intimidad con Dios, porque la forma en que tratas a tu cuerpo tiene un significado espiritual. Leemos en 1 Corintios 6:19-20: "¿Acaso no saben que su cuerpo es templo del Espíritu Santo, quien está en ustedes y al que han recibido de parte de Dios? Ustedes no son sus propios dueños; fueron comprados por un precio. Por tanto, glorifiquen con su cuerpo a Dios" (NVI). Un cuerpo sano puede llevar a cabo la voluntad y el propósito de Dios. Esta es una de las formas en que cuidar de tu cuerpo honra a Dios.

Como el dominio propio es un fruto del Espíritu Santo, tu capacidad para ejercer el autocontrol es evidencia de la influencia del Espíritu Santo en tu vida. Eres más sensible a los mensajes de Dios en tus sueños cuando su Espíritu te gobierna. No quieres crear oportunidades para que el Enemigo corrompa tus sueños a través de tus hábitos y estilo de vida, y esto incluye la comida que pones en tu cuerpo. En lugar de bocadillos azucarados antes de acostarte, prueba una opción ligera y saludable como una banana. De hecho, las bananas tienen nutrientes que pueden ayudarte a recordar tus sueños[8].

Cuidar de tu cuerpo físico es esencial para cumplir los planes y propósitos de Dios en la tierra, ya que tu cuerpo te permite relacionarte con el mundo. El hecho de que Jesús tuviera que convertirse en un ser humano, con un cuerpo humano, subraya el valor intrínseco de nuestros cuerpos físicos. Llevar un estilo de vida saludable es crucial para asegurarte de que puedes llevar a cabo los planes y propósitos de Dios en todo su potencial.

Descanso

Si alguna vez, como yo, has dejado que la batería de tu computadora se agote por completo antes de buscar el cargador, es probable que hayas notado que esto comienza a dañar tu batería. He aprendido que dejar que nuestras computadoras funcionen hasta que se vacíen acorta la vida útil de la batería, provoca la pérdida de datos y puede corromper los archivos no guardados.

De la misma manera, tu cuerpo no está en su estado óptimo de salud si lo drenas constantemente antes de acostarte. En estos casos, tu cuerpo no está en un estado de reposo sino de agotamiento. No le estás dando a tu mente la capacidad de desconectarse de manera adecuada y efectiva del ajetreo del día. Esto también podría causar corrupción de datos, es decir, corrupción de la información que Dios desea plantar en tu espíritu a través de los sueños.

Según Eclesiastés 5:3: "De las muchas ocupaciones brotan los sueños" (NVI). Cuando tu mente ha estado enfocada únicamente en un problema, tarea o persona en particular todo el día, tus sueños pueden ser influenciados o corrompidos por el ruido de tu alma. El descanso es un principio instituido por Dios. Después de seis días de haber creado los cielos y la tierra y todo lo que hay en ellos, Dios descansó en el séptimo día, y "bendijo Dios al día séptimo, y lo santificó, porque en él reposó de toda la obra que había hecho en la creación"[9]. El descanso fue bendecido por Dios.

Si nuestra esperanza está en nuestros logros, nos sentiremos estresados al no lograr nuestras metas. Nuestra vida personal se verá afectada y el descanso se sentirá como un lujo. Esto se debe a que nuestra esperanza no está en Dios, sino en nuestras habilidades y logros. En cambio, cuando ponemos nuestra esperanza en Dios, nos damos cuenta de que nuestro valor proviene de Él. Podemos encontrar descanso en el conocimiento de que Dios nos ama incondicionalmente y tiene un plan para nuestras vidas.

Ciertos mensajes no se pueden escuchar en un ambiente ruidoso. Dios le habló con una voz apacible y delicada al profeta Elías, lo que requería proximidad al sonido de la voz para escucharla[10]. Cuando se trata de sueños, esa proximidad se puede obtener a través de la quietud del alma que traemos a la cama, lo que nos permite percibir lo que se ha descargado en nuestro espíritu.

El descanso incluye asegurarnos de dormir suficientes horas cada noche. Pero es más que eso. Se trata de vivir dentro de un ritmo de descanso: descansar después del trabajo, tomarse un tiempo para calmar nuestras almas, liberarnos del estrés del trabajo y las preocupaciones del día, estar presentes. Esto podría comenzar en nuestros autos cuando estamos de camino a casa después de un largo día. Podemos maximizar ese tiempo a solas para estar en adoración y exponer nuestro día delante de Dios.

Si tienes una familia en casa, mantente presente para ellos. Tómense el tiempo necesario para estar pendientes unos de otros, reír juntos y amarse. Cuando no estamos consumidos por las preocupaciones que trae cada día, practicamos la confianza en Dios sabiendo que Él está en todo, incluyendo cada detalle de nuestras vidas. Nuestras interacciones con nuestros seres queridos y nuestro diálogo interno al final del día pueden revelar dónde se encuentra nuestra esperanza. Si nuestra esperanza está en Dios, demostraremos el fruto de su Espíritu Santo, como la paz, el gozo, la bondad, la mansedumbre y el amor[11]. Estos frutos no son de temporada y, a pesar de nuestras circunstancias o desafíos, podemos permanecer confiados en Dios y encontrar descanso en medio de las tormentas. Como dijo David en el Salmo 62:5: "Alma mía, en Dios solamente reposa, porque de él es mi esperanza".

Si te cuesta reducir la velocidad lo suficiente como para orar, adorar o liberar las ansiedades de tu día antes de dormir, lee el Salmo 23 en voz alta todas las noches antes de acostarte. Deja que tu mente encuentre descanso en sus promesas. Tómate el tiempo para pensar en las palabras a medida que las dices. Permite que la paz de Dios venga sobre ti y calma el ruido de la ansiedad, la preocupación y la carga de la responsabilidad.

Cuando te vas a la cama en un estado mental descansado, te posicionas en la bendición de Dios. Esto le da a tu alma la oportunidad de recibir lo que Dios desea comunicar a tu espíritu.

Los primeros noventa segundos

Algunos sueños tienen un poderoso arraigo en nuestra memoria y, sin importar cuánto nos esforcemos por olvidarlos, recordamos cada detalle con gran precisión. Estos sueños pueden permanecer con nosotros durante años. Sin embargo, ¿alguna vez te has despertado de un sueño y te has dado cuenta de que no puedes recordarlo en lo absoluto? Eso me ha ocurrido, y entendí que la forma en la que me involucro conscientemente durante los primeros noventa segundos después de despertarme puede determinar si recordaré mis sueños o no. Es una ventana pequeña, pero fundamental, para lo que puedo recordar de mis sueños. He descubierto que, si me tomo el tiempo para reflexionar en los primeros segundos después de despertarme, recuerdo más detalles de mi sueño.

A veces he olvidado sueños que sabía que eran importantes, y me he arrepentido de haber perdido el mensaje de Dios que venía implantado en ellos. En estos casos, he encontrado que humillarme a través de la oración y pedirle al Espíritu Santo que me traiga el sueño a la memoria puede ayudar. Alternativamente, algo a lo largo de mi día puede desencadenar el recuerdo del sueño.

Los sueños olvidados todavía pueden contener valiosos mensajes de Dios. Pero si regularmente nos desconectamos pronto y nos distraemos con nuestro entorno natural, corremos el riesgo de perder los mensajes que Dios haya destinado para nosotros. Es alarmante pensar cuántos sueños decisivos pueden ser olvidados, no porque Dios no haya enviado un mensaje, sino porque el mensaje quedó encerrado en nuestro espíritu.

Es vital que el entorno en tu dormitorio no te distraiga al despertar. Considera invertir en un reloj despertador en lugar de usar tu teléfono, para evitar así la tentación de desplazarte por correos electrónicos, mensajes de texto o redes sociales inmediatamente después de despertar. Mantén un diario de sueños y un bolígrafo al lado de tu cama a la espera de tener un sueño.

Los sueños olvidados pueden contener valiosos mensajes de Dios.

Cuando despiertes de un sueño, escribe inmediatamente todos los detalles que recuerdes, incluyendo lo que sentiste. Más tarde, cuando nos sumerjamos en la interpretación de los sueños, descubrirás que los detalles importan, desde números hasta personas, locaciones, acciones, el tono emocional, nombres y colores. Conservar los detalles del sueño es esencial para comprender e interpretar el sueño con precisión. En esta etapa no es necesario analizar de dónde vino el sueño (uno mismo, Satanás o Dios). Simplemente escríbelo. Si te sientes extremadamente adormilado, escribe detalles abreviados que puedan activar tu memoria más tarde con el fin de recordar el sueño completo.

La clave es capturar todo lo que puedas durante los primeros noventa segundos después de abrir los ojos, antes de que el alma se vuelva ruidosa y se distraiga con las demandas del día. Al tomarte este tiempo para recordar y preservar los detalles de tus sueños, te abres a recibir mensajes invaluables de Dios.

Disciplina, disciplina, disciplina

Uno de los puntos clave que he aprendido en mi caminar con Cristo es que los discípulos son disciplinados. Ser un discípulo es ser un seguidor de Jesús y esto significa caminar con Él y tener intimidad con Él. La salvación te abre a una relación con Jesús; da la bienvenida al Espíritu Santo para que se instale en ti. Pero para llegar a ser maduro en Cristo y construir intimidad con Él se requiere disciplina. El escritor de Hebreos lo expresó de esta manera: "Ciertamente, ninguna disciplina, en el momento de recibirla, parece agradable, sino más bien dolorosa; sin embargo, después produce una cosecha de justicia y paz para quienes han sido entrenados por ella"[12].

Mi gran amigo Roosevelt Stewart II dijo: "La disciplina va del deber al ritmo, al deleite y luego al deseo". Me encanta ese desglose porque reconoce que la disciplina nunca es divertida al principio. Pero es nuestro deber porque no se puede acceder a ciertas dimensiones en Dios hasta que introduzcamos la disciplina en nuestro estilo de vida. Entonces se convierte en un ritmo. Cuando lo practicas constantemente, se convierte en algo que ya no piensas hacer. Simplemente lo haces. ¡Después es una delicia! Comienzas a disfrutarlo, porque sembrar un hábito produce una cosecha de manera constante. Empiezas a disfrutar de su fruto. Finalmente, se convierte en un deseo. Reconoces tu necesidad de ello y lo anhelas. Cuando te colocan en un entorno que te desvía del ritmo, tu deseo de esa disciplina te mantiene intencionado.

Por lo general, la disciplina no nace del deseo, sino más bien de un sentido de compromiso. Por lo tanto, para tener sueños proféticos, debes comprometerte con las prácticas que te preparan para ellos. Fíjate si te sorprendes pensando: "¿Realmente tengo que hacer todo esto?". Eso podría ser un indicativo sutil de que no quieres esforzarte, lo cual es un sentimiento que a menudo proviene de la incredulidad. Podemos quedar atrapados fácilmente en los problemas superficiales sin abordar la causa raíz. Algunas personas piensan que simplemente son perezosas o procrastinan, cuando el verdadero problema es la incredulidad. Si sientes que todo es demasiado, tómate un descanso y vuelve a leer los capítulos anteriores. Cuando ores, pídele al Espíritu Santo que te muestre lo que es importante para ti y crea hábitos en torno a esas cosas.

La preparación requiere disciplina. Al ser conscientes de la ingesta de nuestra alma, de los alimentos que consumimos, de nuestro descanso y de los primeros noventa segundos después de despertarnos, preparamos el escenario para que Dios se comunique con nosotros a través de nuestros sueños.

> *Padre Celestial, quiero entender y recordar tus mensajes en mis sueños. Muéstrame cómo puedo prepararme mejor para escucharte y fortalecer mi deseo con disciplina. En el nombre de Jesús, amén.*

Preguntas de reflexión

1. ¿Cuál de las cuatro áreas de preparación te llama más la atención y por qué crees que es así?
2. ¿Cuáles de estas prácticas, una o dos, puedes implementar hoy para comenzar a prepararte para recibir mejor los mensajes de Dios en tus sueños?

SEGUNDA PARTE

Hola, soñador:

Es hora de que nos pongamos personales. No hay dos soñadores iguales, por lo que profundizaremos en el lenguaje único de tus sueños y desentrañaremos los mensajes que contienen. A medida que viajemos juntos, mi deseo es que desarrolles una comprensión personal de tus sueños para mejorar tu relación con Dios y, de ese modo, obtengas dirección para tu vida.

Tus sueños son únicos, una narrativa personal creada por Dios solo para ti. El mundo de los sueños es un lugar donde Él nos revela cosas secretas sobre nosotros mismos, las personas que nos rodean y nuestro futuro. Es vital explorar el misterio y el significado de tus sueños. Al hacerlo, obtendrás una mayor comprensión de tu vida y aumentarás tu comprensión espiritual. Has sido diseñado de manera única, hecho de manera excepcional y maravillosa, y tus sueños ofrecen un atisbo dentro de ese diseño.

Te invito a que abras tu corazón, estés dispuesto a aprender y confíes en que Dios te guiará a través de este viaje.

Atentamente,
Stephanie

CUATRO

EL ORIGEN DE LOS SUEÑOS

Queridos hermanos, no crean a cualquier espíritu, sino sométanlo a prueba para ver si es de Dios.

1 Juan 4:1

"¡Dios me mostró en un sueño que tú eras mi esposa!". Son palabras que no quiero volver a escuchar.

A lo largo de mis primeros siete años sirviendo como predicadora, era soltera en una iglesia repleta de gente de mi edad. Como mujer en una posición de visibilidad, influencia y autoridad, era consciente de la responsabilidad que ese papel implicaba. Con demasiada frecuencia, las personas han sido lastimadas y explotadas por pastores e iglesias que no reconocen esa influencia. Así que desde el principio le hice una promesa a Dios: un voto de que no saldría con nadie dentro de la comunidad de mi iglesia, confiando que Dios me conectaría con mi cónyuge de una manera diferente. ¡Y así lo hizo! Elegí este camino para mantener mi corazón puro y enfocado en el ministerio. Esta decisión aseguró disipar la confusión cada vez que aconsejaba a alguien del sexo opuesto u oraba por él en un momento de vulnerabilidad. Mi decisión no siempre fue popular, y algunos la vieron como una medida extrema, pero ellos no compartieron conmigo la experiencia de recibir correos electrónicos no solicitados por parte de múltiples hombres elegibles, o de recibir mensajes a través de terceros o de acercarse a mí con afirmaciones de que Dios les había revelado en sus sueños que yo sería su esposa. O todos estaban mintiendo o de hecho tenían sueños, pero malinterpretaron la fuente. Los sueños pueden ser engañosos, especialmente cuando confirman nuestras propias emociones e ideas preexistentes.

Primero, es importante entender que un sueño puede provenir de tres fuentes: uno mismo (nuestra propia alma), Satanás o Dios. Pero ¿cómo diferenciamos entre una confirmación genuina de Dios, el engaño del Enemigo o, simplemente, los deseos de nuestro propio corazón? La clave para comprender la verdadera fuente de nuestros sueños está en observar el fruto que produce.

El fruto revela la semilla

Una semilla de limón no hará crecer un manzano. Si se visitara un huerto justo tras haber plantado nuevos árboles, sería imposible saber lo que hay debajo de la tierra. Pero a medida que los árboles comienzan a crecer y a dar fruto, la evidencia del fruto revela la naturaleza de la semilla.

Un sueño puede provenir de tres fuentes: uno mismo (nuestra propia alma), Satanás o Dios.

Esta comprensión es vital para discernir el origen o la fuente de tus sueños. Para desarrollar aún más la analogía del árbol frutal: no puedes reconocer un manzano si primero no sabes lo que es una manzana.

Para identificar la fuente de tus sueños, es crucial primero entender la naturaleza de Dios, de Satanás y de ti mismo. 1 Juan 4:1 advierte contra los falsos profetas que dicen hablar en nombre de Dios pero que, en realidad, son seguidores de Satanás. Del mismo modo que el oro puede ser probado examinándolo con vinagre, el cristianismo genuino puede ser verificado probándolo contra la naturaleza de Dios. El oro real no se ve afectado por el vinagre, mientras que el oro falso cambia de color. De manera similar, el cristianismo genuino encarna los caminos de Dios, mientras que el cristianismo falso no lo hace.

Para determinar la fuente de nuestros sueños, comencemos por evaluar el fruto producido: las emociones que desencadenan los sueños y las instrucciones que recibimos.

La naturaleza de Dios

Antes de casarme, tenía un fuerte deseo de encontrar un compañero. Había disfrutado de mi soltería, pero sentía que estaba lista para compartir mi vida con alguien. Cada vez que alguien que me parecía un soltero elegible expresaba interés en tener una cita conmigo y yo sentía atracción física hacia él, mi primera pregunta a Dios solía ser: "¿Es este mi esposo?". Incluso antes de conocer a la persona comenzaba a imaginar cómo sería la vida con él y tenía sueños muy convincentes sobre su potencial como mi alma gemela. En las etapas iniciales sentía que estaba en camino de casarme, pero, en retrospectiva, esos sueños no vinieron de Dios. Más bien eran una representación visual del ídolo del matrimonio que había echado raíces en mi corazón. Había idolatrado la idea de compañía de tal manera que se había convertido en el centro de mis pensamientos y meditaciones, influyendo finalmente en mis sueños.

A medida que fui conociendo a algunos de aquellos hombres, se hizo evidente que éramos completamente incompatibles. Y me di cuenta de que mi forma de pensar sobre el matrimonio no era saludable. Lo estaba buscando bajo presión y Dios no iba a hablar a través de algo que se había convertido en un ídolo en mi vida. Los ídolos son problemáticos porque a menudo pueden convertirse en el reflejo de nuestra valía e identidad y, cuando te los quitan, la vida puede perder significado. Solo Dios es digno de tal peso en nuestras vidas. Cualquier cosa, fuera de eso, puede sabotear nuestras vidas y nuestro destino. Por ejemplo: si el matrimonio es un ídolo, incluso la discusión más pequeña con tu cónyuge puede hacer que te sientas abrumado por el miedo y la insuficiencia, en lugar de sentirte impulsado hacia la búsqueda de soluciones.

Dios no me dio un sueño sobre el matrimonio cuando lo deseaba porque solo habría validado al ídolo que yo había creado en mi vida. No fue hasta que encontré satisfacción en estar soltera y confiada en el tiempo de Dios que Él me dio un sueño. En este sueño, Dios reveló las cualidades del hombre que se había propuesto para mí y el rasgo principal era el altruismo, alguien capaz de poner mis necesidades por delante de las suyas. Esto reflejaba las instrucciones dadas a los esposos en Efesios 5:25 de amar a sus esposas como Cristo amó a la iglesia y se entregó a sí mismo por ella. A medida que crecía más saludablemente en mi deseo de casarme, Dios reveló el carácter y la postura del corazón del hombre que había planeado para mí. Cuando desperté del sueño, me sentí agradecida e inspirada a convertirme en la esposa que se alineaba con la Palabra de Dios. Fue un recordatorio de que el matrimonio no es un signo de mi valía, sino más bien una parte de la voluntad de Dios para mi vida.

Toda la naturaleza de Dios está orientada hacia la edificación y elevación de sus hijos[1]. Sabemos que un sueño viene de Él por el impacto positivo que tiene en nuestra vida. Los mensajes de Dios no están destinados a propósitos superficiales como chismes o mera información, sino que siempre sirven a su gran propósito.

Discernir los sueños de Dios

Conocer la naturaleza de Dios es tener una visión de sus caminos y, cuanto más conocedores seamos, más fácil será discernir si un sueño proviene de Él. Por ejemplo, podemos desear algo —un nuevo trabajo, un cónyuge, sanación física o reconciliación— y comenzar a tener sueños relacionados con ese deseo, lo que hace que sea difícil diferenciar si la fuente es Dios o nosotros mismos. Pero a medida que crecemos en nuestro conocimiento de Dios, comenzamos a entender sus deseos. Los deseos de Dios no vienen como una obsesión o una distracción de nuestra relación con Él. En cambio, vienen como una responsabilidad y una carga en nuestros corazones con la que estamos obligados a comprometernos.

Para crecer en nuestro conocimiento de Dios, es esencial comenzar por estudiar su Palabra con la intención de aprender acerca de sus caminos. Si no tenemos un conocimiento fundamental de Dios a través de la Biblia, se vuelve difícil distinguir entre la voz de Dios y la del Enemigo, o incluso la de nosotros mismos. Si bien la autenticidad de la Biblia ha sido debatida por muchos, creo que, si aceptamos que Dios es omnipotente, entonces también debemos confiar en que Él supervisará el proceso de compilación de un libro que sirva como representación de su voz a través de los siglos. Como ser omnipresente, Dios existe en el pasado, presente y futuro simultáneamente. Él tiene el poder de revelarnos las realidades de cada uno de estos reinos.

Personalmente, he experimentado encuentros sobrenaturales en mis sueños que me revelaron escrituras que no había leído antes. A través de estas experiencias, he llegado a entender que la Biblia es verdad.

Cuando nos acercamos al estudio de la Palabra de Dios con humildad y un deseo genuino de comprender sus caminos, nos abrimos a una comprensión sobrenatural que solo puede atribuirse a la dirección del Espíritu Santo.

Dios es uno, lo que significa que Él es indivisible dentro de sí mismo[2]. Sus caminos son consistentes con su Palabra escrita, la cual sirve como nuestra defensa contra el engaño y la manipulación. Cuando Jesús fue tentado por Satanás, Él respondió con la Palabra escrita de Dios[3]. Entonces Satanás trató de utilizar las Escrituras sacadas de contexto para tentar a Jesús[4]. Solo que Jesús conocía el significado de la Palabra y respondía con la verdad[5]. Al final, Satanás fue impotente contra Jesús.

Esa conversación entre Jesús y Satanás nos enseña que Jesús tenía un profundo entendimiento de la Palabra de Dios. Su comprensión no se debió únicamente a su identidad como Dios en forma humana, sino que también vino a través del estudio intencional. Debemos seguir el ejemplo de Jesús y estudiar la Palabra de Dios para identificar los sueños de Dios y resistir el engaño.

Como seguidores de Cristo, debemos hacer de la lectura de la Palabra de Dios una práctica personal en nuestras vidas. Si eres nuevo en el estudio de la Biblia, es aconsejable buscar una Biblia de estudio con comentarios, para proporcionar contexto y perspectiva. Al estudiar, hay seis preguntas clave que podemos hacernos para profundizar nuestra comprensión del texto.

- ¿Quién habla o quién es el autor?

- ¿A qué audiencia se dirige?
- ¿Cuál es el contexto cultural?
- ¿Cuál es el contexto completo en torno a los eventos sobre los que estoy leyendo?
- ¿Qué me enseña el texto acerca de Dios?
- ¿Qué lección personal puedo aprender de este texto?

La lectura y el estudio regulares de la Biblia aumentarán nuestro conocimiento y comprensión de la Palabra de Dios, lo que nos permitirá mantenernos firmes en nuestra fe y resistir los planes del Enemigo.

Por ejemplo, considera la historia en que Dios le pide a Abraham sacrificar a su hijo Isaac[6]. A primera vista, puede parecer chocante y confuso, pero si lo estudiamos cuidadosamente, podemos reconocer que Dios no le estaba hablando a cualquiera, sino a su amigo cercano, Abraham, quien tenía una relación profunda con Dios y confiaba en su carácter. Abraham creía que, incluso si sacrificaba a su hijo, Dios lo resucitaría[7]. Comprender el contexto de la historia y la relación entre Dios y Abraham nos da una perspectiva diferente de este texto.

Al estudiar y conocer la naturaleza de Dios a través de su Palabra, también podemos llegar a discernir mejor la fuente de nuestros sueños. Satanás será menos capaz de manipularnos o engañarnos a medida que crezcamos en nuestra comprensión de la naturaleza y el carácter de Dios.

Aquí hay algunas pautas prácticas para ayudarte a distinguir los sueños de Dios respecto a los demás:

- *Consistencia con los valores bíblicos*: los sueños de Dios se alinearán con las enseñanzas de la Biblia defendiendo los principios de rectitud e integridad. No promoverán acciones contrarias a la Palabra de Dios.

- *Evitación del pecado*: los sueños de Dios nunca alentarán ni respaldarán el comportamiento pecaminoso.
- *Fruto del Espíritu*: los sueños de Dios no afirmarán emociones negativas como la envidia y el miedo. No apoyarán sentimientos o acciones que vayan en contra del fruto del Espíritu (amor, gozo, paz, etc.)[8].

La naturaleza de Satanás

Durante un vuelo de Charlotte a Los Ángeles, me encontré con un programa de televisión inspirado en hechos reales, sobre un asesino en serie que logró escapar de ser atrapado en un pequeño pueblo debido a su personalidad benigna. Aunque sentí la convicción espiritual de que no debería estar viendo aquello, me enganché a la trama e ignoré la inspiración del Espíritu Santo. Pero al verlo con mi marido, ambos sentimos un inexplicable trasfondo maligno. Esa misma noche ambos tuvimos pesadillas inquietantes y nos dimos cuenta de que ver la serie nos había abierto a influencias demoníacas. Ambos estuvimos de acuerdo en no volver a ver el programa y rezamos por la purificación y la protección de nuestros sueños.

La pesadilla que tuve no solo me dejó ansiosa y temerosa, sino que también representó a uno de mis amigos queridos como una presencia maligna. Cuando desperté, me di cuenta de que no era un sueño de Dios, y que debía haber sido una herramienta del Enemigo para causarme angustia. Tal vez te preguntes si el sueño pudo haber sido una vía para que Dios me advirtiera acerca de mi amigo. Pero aquí está la diferencia entre este tipo de sueño y un sueño de advertencia proveniente de Dios: los sueños de advertencia generalmente traen una sensación de calma y orientación en lugar de ansiedad y miedo. Nos dan a entender que Dios está con nosotros, guiándonos y cuidándonos para que podamos seguir adelante con confianza.

Por el contrario, los sueños demoníacos reflejan la naturaleza de Satanás, causando miedo, tormento, ansiedad, depresión o soledad, y todo ello deja un impacto negativo en nuestros estados mental y emocional. Estos sueños no ofrecen claridad, dirección o perspicacia, sino que nos paralizan con miedo y pensamientos negativos. La mayoría preferiría privarse del sueño antes que pasar por una experiencia así. Este fue el hilo exacto de emociones que sentí después de despertar de mi sueño: me sentí consumida por el miedo y la ansiedad, con pensamientos desorganizados sobre en quién podía confiar. Estaba claro para mí que la fuente de aquel sueño era satánica y le había dado acceso a través de los medios de comunicación que consumía. Tan pronto como rechacé las ideas y los sentimientos de la pesadilla, desaparecieron.

La naturaleza de Satanás es fundamentalmente anti-Dios. Su agenda final es rebelarse contra Dios y oponerse a sus caminos, lo que llevó a su caída[9]. Todo lo que él defiende es contrario a los caminos de Dios. Por ejemplo, al Espíritu Santo se le conoce como el "Espíritu de la verdad"[10], mientras que a Satanás se le conoce como el "padre de la mentira"[11]. A través de nuestra ignorancia o negligencia, el Enemigo es capaz de plantar sueños demoníacos que pueden desviarnos del destino y propósito que Dios nos ha dado. En Mateo 13:25, Jesús nos enseña cómo obra Satanás, relatando una parábola de un labrador: "Pero mientras los hombres dormían, vino su enemigo, sembró cizaña entre el trigo y se fue". La cizaña es una maleza que se asemeja al trigo en sus primeras etapas. Si un agricultor trata de quitar la cizaña, podría terminar matando sus propios cultivos. Es solo en la madurez que puede notar la diferencia entre el trigo y la cizaña.

Podemos aprender acerca de los sueños en esta parábola. En primer lugar, "mientras los hombres dormían" insinúa que, cuando no estamos en guardia de la ingesta de nuestra alma, el Enemigo encuentra una oportunidad para comprometer nuestros sueños. En segundo lugar, él planta imitando la obra de Dios, y la única forma en que podemos diferenciarlo es a través de la madurez espiritual: creciendo en el conocimiento de la Palabra, el carácter y la santidad de Dios.

Si has estado luchando contra el miedo, la ansiedad y el estrés debido a un sueño demoníaco, puedes liberarte de su control sobre ti, aprovechando la autoridad que Dios te ha dado para escapar del acuerdo con la mentira de tu sueño.

A menudo, esta mentira proviene del espíritu del miedo. En 2 Timoteo 1:7, Pablo escribió: "Porque no nos ha dado Dios espíritu de cobardía, sino de poder, de amor y de dominio propio". Aprendimos anteriormente que el miedo como emoción extrae su poder de la incertidumbre, pero el espíritu del temor extrae su poder del acuerdo con los malos pensamientos e imágenes plantados por el Enemigo. Cuando estás de acuerdo con tales pensamientos, estos te consumen y tienen poder sobre tus acciones y tu toma de decisiones. También pueden afectar tu comprensión del amor de Dios, tu sentido de comunidad y tu capacidad para razonar con sabiduría. Es posible que te ofendas fácilmente, entres en

> El miedo alimenta su poder del acuerdo con pensamientos e imágenes malignos plantados por el Enemigo.

un ritmo de autosabotaje y te sientas víctima en todos los escenarios. Una vez que la semilla de la mentira ha sido sembrada por el Enemigo y estás de acuerdo con ella, tiene lugar un proceso gradual de destrucción. Pero puedes liberarte de este ciclo rechazando su narrativa y poniéndote de acuerdo con la verdad de Dios.

La Palabra de Dios nos recuerda que el temor no es solo una respuesta emocional, sino que puede manifestarse como un espíritu con una agenda en contra de nosotros.

Cuando operamos sin poder, amor y una mente sana, es una señal de que el espíritu del miedo ha echado raíces en nuestras vidas. La estrategia de Satanás a través de los sueños demoníacos es corromper los mensajes de Dios recibidos a través del mismo canal. Comprender la naturaleza de Dios nos ayuda a discernir las áreas de engaño en nuestras vidas y a rechazar las mentiras forjadas por Satanás.

La intención de Dios no es que su Palabra disminuya la calidad de nuestras vidas, sino que experimentemos una vida abundante. Como dijo Jesús en Juan 10:10: "El ladrón no viene sino para hurtar, matar y destruir; Yo he venido para que tengan vida, y para que la tengan en abundancia". Dios desea una vida satisfactoria y plena para nosotros.

Resistir a Satanás

Anteriormente hemos hablado del encuentro de Jesús con Satanás en el desierto. Ahora, analicemos la manipulación detrás de las tentaciones del maligno. Considera el profundo significado de la primera tentación registrada que enfrentó Jesús, que fue inmediatamente después de su ayuno de cuarenta días, durante el cual no comió nada[12]. En ese momento crucial, Satanás le sugirió astutamente a Jesús: "Si eres el Hijo de Dios, di a esta piedra que se convierta en pan"[13].

A primera vista, esta tentación puede parecer inofensiva; después de todo, Satanás no le ofreció un pan que podría haber envenenado en secreto. En lugar de eso, sutilmente sedujo a Jesús para que satisficiera su propia necesidad física inmediata. Pero aquí hay en juego una agenda aún más profunda.

La verdadera esencia de la tentación del Enemigo radicaba en su intención de socavar la completa confianza de Jesús en la provisión y el cuidado de Dios. Al obligar a Jesús a tomar el asunto en sus propias manos y transformar milagrosamente las piedras en pan, Satanás buscaba disminuir su confianza en la capacidad del Padre para proveer a sus hijos en toda necesidad. Si Jesús hubiera cedido a esa tentación, sus futuras declaraciones de total dependencia de Dios habrían estado comprometidas. Aquellas sagradas palabras pronunciadas por Jesús: "De cierto, de cierto os digo: no puede el Hijo hacer nada por sí mismo; sino lo que ve hacer al Padre"[14], habrían perdido su resonancia y autenticidad. Estas palabras encapsulan el profundo alcance de la seguridad, la confianza y la dependencia de Jesús en Dios para guiar cada paso de su viaje terrenal, en lugar de dejarse llevar por el hambre o los antojos personales.

Este ejemplo sirve como un testimonio conmovedor de la naturaleza manipuladora de la tentación. Tira sutilmente de nuestros deseos más profundos, tejiendo intrincadas redes de engaño en un intento por desviarnos del camino de la rectitud. Nos invita a priorizar la gratificación momentánea sobre la confianza inquebrantable en el plan divino de Dios para nuestras vidas. Al destacar este momento crucial en la vida de Jesús, quiero recordarnos que el poder de la tentación radica en su capacidad para aprovechar nuestros deseos innatos y explotarlos con fines egoístas.

En esencia, la tentación no es una fuerza aleatoria que desciende inesperadamente sobre nosotros; es una infiltración calculada que busca explotar nuestras vulnerabilidades. Susurra sutilmente promesas y sugerencias tentadoras, alejándonos de la perfecta voluntad de Dios. Al reconocer esta verdad, debemos continuar diligentes en alinear nuestros deseos con la verdad de la Palabra de Dios, resistiendo las mentiras y manipulaciones del Enemigo.

Los deseos, cuando no están alineados con la Palabra y la naturaleza de Dios, pueden ser engañosos y hacernos vulnerables a la influencia del Enemigo. Esta vulnerabilidad puede incluso extenderse a nuestros sueños, donde los deseos desenfrenados pueden permitir que Satanás plante imágenes y mensajes falsos. Sin embargo, filtrando nuestros pensamientos y enfocándonos en las Escrituras y en el carácter de Dios, podemos resistir estos sueños engañosos y protegernos de las tácticas del Enemigo.

Resistir a Satanás requiere tomar una posición defensiva, al igual que la defensa de un equipo de fútbol tiene como objetivo evitar que la ofensiva contraria anote. No debemos ignorar que Satanás está en constante búsqueda de oportunidades para ganar ventaja en nuestras vidas. Como vimos, pese a los esfuerzos iniciales infructuosos de Satanás por tentarlo, Jesús no se dio por vencido. Y el maligno tuvo que esperar pacientemente otro momento oportuno[15]. La cosa es que Satanás nunca pudo vencer a Jesús porque Jesús nunca estuvo de acuerdo con su narrativa engañosa. Cuando no consentimos las mentiras de Satanás, él no puede anotar un punto.

Por ejemplo: si el Enemigo está buscando una oportunidad para hacerte temeroso, esperará un momento en el que seas vulnerable, tal vez después de que hayas leído sobre el accidente automovilístico de un joven y hayas comenzado a contemplar si lo mismo pudiera sucederte a ti. Aunque no quieras, deseas la confirmación de tus pensamientos, y el Enemigo está listo para presentarte sueños de accidentes automovilísticos fatales, infundiendo miedo en ti. Sin embargo, a través de la oración y el discernimiento, cuando reconoces que este sueño tiene la naturaleza de Satanás, puedes declarar la Palabra de Dios y las promesas sobre tu vida, tales como: "No he de morir; he de vivir para proclamar las obras del Señor"[16]. Así es como resistes a Satanás.

En el ámbito de la guerra espiritual, es esencial reconocer que nuestros pensamientos juegan un papel importante. Tienen una naturaleza espiritual y pueden tener un impacto profundo en nuestras vidas. Como el apóstol Pablo animó a los corintios, se nos instruye a "[llevar] cautivo todo pensamiento para que obedezca a Cristo"[17]. Esto subraya la importancia de estar vigilantes y discernientes en nuestra vida de pensamiento.

Cuando el Enemigo obtiene acceso a nuestros pensamientos, gana influencia sobre la forma en que vivimos. Las tácticas del adversario a menudo implican plantar ideas engañosas y destructivas en nuestras mentes y a través de nuestros sueños, con el objetivo de desviarnos de la verdad de Dios y de sus planes para nuestras vidas. Si sucumbimos a estos pensamientos negativos, pueden manifestarse en nuestras acciones, emociones y perspectiva general de la vida. Resistir a Satanás no es solo un medio para proteger nuestros canales oníricos, sino que abarca salvaguardar cada aspecto de nuestras vidas.

La naturaleza del ser

Porque el deseo de la carne es contra el Espíritu, y el del Espíritu es contra la carne; y estos se oponen entre sí... Y manifiestas son las obras de la carne, que son: adulterio, fornicación, inmundicia, lascivia, idolatría, hechicerías, enemistades, pleitos, celos, iras, contiendas, disensiones, herejías, envidias, homicidios, borracheras, orgías, y cosas semejantes a estas.[18]

5 Gálatas 17:21

La inclinación natural del alma es hacia los caminos de la carne. Esta tendencia innata es la razón por la cual los niños pueden ser instintivamente engañosos sin que se les enseñe. A Satanás le encanta cuando permitimos que nuestra carne domine nuestras vidas, porque hace que sea más fácil para él alejarnos de nuestro destino previsto. El apóstol Pablo reconoció esta lucha y vivió según el principio de morir cada día[19]. Entendió que vivir según los modos del Espíritu requiere dar muerte cada día a la naturaleza de la carne. La humildad es la clave para reconocer nuestras debilidades y entregarlas a Cristo para que no seamos manipulados por ellas. Es importante identificar honestamente las zonas de debilidad y no darles una plataforma en nuestras vidas, etiquetándolas como la voz de Dios.

Como pastora, me he encontrado con numerosos casos en los que las personas han usado el nombre de Dios para justificar ambiciones egoístas, envidia, razones lujuriosas y otros vicios parecidos, en lugar de rendirlos a Dios. He escuchado historias de personas que iniciaron negocios por envidia de los demás, dejándose distraer por las redes sociales y creando estrategias para competir con aquellos que no representaban ninguna amenaza. Desgraciadamente, esta falta de transparencia y de autoconciencia también se manifiesta en nuestros sueños. Cuando la lujuria de la carne consume el pensamiento de una persona, sus sueños pueden reflejar estos pensamientos y deseos mientras duerme. Se vuelve peligroso cuando asumimos que cada sueño es de Dios sin examinar su naturaleza y su fruto. Debemos preguntarnos: "¿El mensaje de este sueño glorifica a Dios o glorifica los deseos de mi carne?". Evaluar la fuente del mensaje del sueño y lo que glorifica puede evitar que nos desviemos de la voluntad de Dios.

Dios nos advierte acerca de dejarnos guiar por sueños que son evidencia de los deseos de nuestra carne. Identifica tales sueños como "sueños que soñais"[20] porque su fuente no proviene de Dios, sino de nuestro interior.

Ahora bien, no todos los sueños de nuestros propios deseos son malos. A veces, los sueños provienen de lo que estamos pensando y no todos los pensamientos son erróneos. Por ejemplo, una noche encontramos un problema de plomería en casa y mi esposo estaba pensando en cómo solucionarlo. Esa noche, soñó con el problema de plomería que afectaba a toda nuestra casa. No fue un sueño de Dios, pero tampoco fue un mal sueño; se trataba tan solo de un sueño causado por sus propios pensamientos. Esto muestra por qué debemos ser conscientes de lo que pensamos antes ir a dormir. En lugar de irnos a la cama preocupados por los problemas, podemos invitar a Dios a que nos ayude a encontrar soluciones. Cuando entregamos nuestros pensamientos de esta manera, se convierten en una especie de oración que Dios podría responder a través de nuestros sueños.

Abraza el viaje

Mientras te vuelves mejor discerniendo las fuentes de tus sueños, quiero animarte recordándote que esto es un viaje. La verdad es que no es necesario que te conviertas en un experto en descubrir el origen de tus sueños de la noche a la mañana. No hay una línea de meta de maestría. Es un viaje continuo que requiere rendición y humildad ante Dios, quien se asociará contigo para brindarte comprensión. El deseo de Dios es que conozcas su voz y seas capaz de discernir tus sueños con precisión, distinguiendo aquellos que provienen de Él. Abraza este viaje de crecer en el reconocimiento de su voz y descansa en el hecho de que Él está contigo incluso ahora.

Padre Celestial, vengo a ti hoy pidiendo tu guía y dirección mientras busco entender la fuente de mis sueños. Sé que tienes un propósito y un plan para mi vida y confío en que deseas que reconozca y discierna los mensajes que me comunicas a través de mis sueños. Ayúdame a entender el significado oculto detrás de esos símbolos y a estar abierto a la sabiduría y dirección que tú ofreces. Gracias por tu continuo amor y guía en mi vida. Oro esto en el nombre de Jesús, amén.

Preguntas de reflexión

1. ¿Qué sugerencias para estudiar en la Biblia te llamaron la atención y por qué resonaron en ti?
2. Piensa en los sueños que has tenido recientemente. ¿Puedes identificar las fuentes basándote en lo que hemos discutido en este capítulo? Para cualquier sueño del cual aún no estés seguro, ora hoy por él y pídele sabiduría a Dios.

CINCO

TIPOS DE SUEÑOS

Además, Daniel podía entender toda visión y todo sueño.

Daniel 1:17 (NVI)

El mundo de los sueños es rico y diverso y ofrece una visión de diferentes aspectos de nuestras vidas, incluidas las experiencias que muchas personas tienen en común. Tal vez hablando con otros te hayas dado cuenta de que has tenido sueños inquietantemente similares a los suyos. En este capítulo exploraremos seis tipos comunes de sueños: sueños direccionales, sueños de impartición, sueños de estrategia, sueños de aliento, sueños de advertencia y sueños de centinela. Si bien no es una lista exhaustiva, proporciona una base sólida para comprender las formas en que Dios se comunica con nosotros a través de nuestros sueños. Los sueños pueden contener múltiples detalles únicos, pero siempre hay un tema profundo que transmite el mensaje.

Por ejemplo, durante mi embarazo estaba ansiosa por los desafíos de convertirme en madre primeriza, específicamente en el área de la lactancia materna. Me rondaban por la cabeza preguntas como: ¿tendrá mi bebé dificultades para succionar? ¿Sabré cómo hacerlo?

¿Sentirá relajación a mi alrededor? Pero, en la bondad de Dios, tuve un sueño en el que estaba alimentando a mi hija recién nacida con facilidad, sintiendo una profunda sensación de calma y un hermoso vínculo con ella. Este sueño me trajo consuelo y tranquilidad, y aunque su tema principal era el aliento, podría haberlo entendido como un sueño instructivo que me decía que no necesitaba preocuparme demasiado por contratar a una consultora de lactancia. Comprender el tema de un sueño puede guiarnos en la comprensión de lo que Dios desea decirnos a través de él.

Mientras exploramos más a fondo los diferentes tipos de sueños, vale la pena señalar que, si bien examinaremos diferentes ejemplos de sueños en cada categoría, los símbolos y las imágenes de tus sueños suelen ser únicos para ti, el soñador. La interpretación de los sueños no es un proceso único para todos. Si bien hay algunos símbolos de significado universal —como el agua, que representa al Espíritu Santo, y el fuego, que representa la purificación o el juicio—, muchos símbolos son personales y únicos para cada individuo. Por ejemplo, ver un animal específico puede tener un significado especial para una persona en función de sus experiencias y antecedentes culturales. Al tratar de interpretar o comprender un sueño, es importante considerar las circunstancias y experiencias personales del soñador durante su vida de vigilia. Solo entonces se puede comprender y aplicar plenamente el sueño, porque no hay dos soñadores que tengan experiencias idénticas y, por lo tanto, el discernimiento de los símbolos y temas en un sueño puede ser un proceso único y personal.

La interpretación de sueños no es un proceso igual para todo el mundo.

Además, a medida que crecemos en nuestra fe y relación con Dios, nuestra comprensión del simbolismo de los sueños puede evolucionar, permitiéndonos interpretaciones más profundas y significativas. En el capítulo 13 de Mateo, Jesús habló en parábolas a una multitud de personas, pero el verdadero significado de la parábola se les ocultó. Entonces sus discípulos se acercaron a él y le preguntaron: "¿Por qué les hablas por parábolas?"[1], Jesús respondió: "Porque a vosotros os es dado saber los misterios del reino de los cielos; mas a ellos no les es dado"[2]. Sin embargo, Jesús tenía una conexión más profunda con sus discípulos, y les reveló el significado de la parábola[3].

En lo que se refiere a los sueños, esto muestra que cuanto más intimidad construimos con Dios, más clara se vuelve nuestra comprensión del mensaje en nuestros sueños. Los sueños pueden considerarse parábolas de la noche y, al igual que las parábolas de Jesús, contienen verdades divinas cruciales que Dios quiere que discernamos. Al cultivar una relación más profunda con Dios, podemos comprender más plenamente el rico simbolismo y las imágenes presentadas en nuestros sueños y recibirlos como bendiciones. Si bien algunas personas pueden tener dificultades para comprender el significado de sus sueños, aquellos que tienen una profunda intimidad con Dios pueden recibir revelaciones más profundas, transmitidas de una manera memorable, concisa e impactante.

Sueños direccionales

Lámpara es a mis pies tu palabra,
y lumbrera a mi camino.[4]

Salmo 119:105

Los sueños direccionales son la forma en que Dios se comunica con nosotros y nos proporciona claridad y dirección. Estos sueños a menudo revelan nuestra vocación y propósito únicos, y nos guían hacia el camino al que estamos destinados en las diferentes etapas de nuestras vidas.

Cuando tenemos un sueño direccional, podemos vernos a nosotros mismos haciendo cosas que nunca imaginamos que fueran posibles, o encontrarnos dirigidos hacia un lugar diferente en nuestras vidas. Pero es esencial recordar que, sin la Palabra de Dios, podemos desviarnos inadvertidamente del camino que nos conduce hacia nuestro propósito final. Su Palabra nos proporciona la guía que necesitamos para permanecer alineados con nuestro destino. Sirve como un faro de luz para ayudarnos a navegar por los desafíos e incertidumbres que podemos enfrentar en la vida. Si nos mantenemos fieles a nuestra fe y permanecemos abiertos a sus comunicaciones, podemos confiar en que estamos en el camino correcto y que nuestra vida tiene un propósito mayor. Vivir una vida dirigida por Dios es satisfactorio y enriquecedor. Cuando descubrimos y caminamos alineados con nuestro verdadero llamado, vivimos una vida de significado e impacto.

Antes de embarcarme en mi viaje como predicadora, nunca me vi a mí misma en ese papel. Aunque anhelaba servir a Dios a través de una vida de propósito e influencia, había imaginado servirle de otras maneras. De niña, aspiraba a ser abogada y presentadora de programas de entrevistas. A medida que crecía, mis sueños fueron evolucionando. No fue hasta que comencé a experimentar sueños vívidos sobre hablar a grandes multitudes que me di cuenta de que podría haber algo más en mi propósito y llamado. Estos sueños encendieron una chispa dentro de mí, despertando el deseo de descubrir lo que Dios sabe acerca de mí que yo pudiera no saber. Anhelaba buscar su guía y dirección.

Al comenzar este viaje de autodescubrimiento, tuve sueños aún más profundos que revelaron el llamado de Dios a mi vida. Estos sueños me trajeron claridad y dirección, haciendo evidente que Dios tenía un propósito específico para mí. Me di cuenta de que, aunque mis intereses y pasiones iniciales eran esenciales, este nuevo descubrimiento me permitiría cumplir con el llamado de Dios en mi vida, y ciertamente ha transformado mi vida de maneras que nunca creí posibles.

Uno de los sueños direccionales más impactantes que he tenido fue una visión vívida de un lugar en el cielo. Rodeada de un grupo de personas, de repente escuché una voz que retumbaba: "¿A quién enviaré? ¿Y quién irá por nosotros?". Sin dudarlo, agité fervientemente mi mano en alto, suplicando con cada repetición: "¡Mándame a mí! ¡Mándame a mí!". A este punto fui señalada directamente por la voz y Dios reveló mi asignación divina. Me ordenó que descendiera a través de las aguas en las que había una sección que necesitaba ser abierta. Una vez encontrada, debía abrirla y sería transportada directamente al infierno, donde comenzaría mi papel como embajadora de Dios. Allí encontré un estante con numerosas velas apagadas, pero, cuando las toqué, cada vela de inmediato se encendió. En cuanto ardían, la persona a la que pertenecía la vela era liberada de las garras de la oscuridad y conducida al reino de Dios.

Durante aquel proceso, Dios me aseguró que no tuviera miedo incluso si Satanás se enteraba de la obra que estaba realizando en su reino. Antes de que el Enemigo pudiera siquiera tocarme, Dios mismo me llevaría de vuelta a casa. Seguí todas las instrucciones al pie de la letra y todo lo que imaginé se desplegó ante mis ojos. Mientras yo trabajaba en el infierno para liberar a los individuos atrapados por las cadenas del Enemigo, Satanás finalmente descubrió lo que estaba ocurriendo y, naturalmente, vino por mí con sus secuaces, los cuales se organizaron en un ejército en mi contra. Pero, entonces, sucedió algo increíble: repentinamente fui transportada de regreso a nuestro mundo en la tierra, donde interactué con extraños con los que me entendía a pesar de hablar diferentes lenguas. Donde me encontraba, Satanás y su ejército podían verme, pero antes de que pudieran atraparme, Dios me traía de regreso a casa en el cielo, donde desperté del sueño.

Aunque de naturaleza compleja, el significado del sueño se aclaró con la guía del Espíritu Santo y las técnicas de interpretación adecuadas (que exploraremos más a fondo en el capítulo 6). Las preguntas "¿a quién enviaré?" y "¿quién irá por nosotros?" fueron un eco de la pregunta exacta a la que el profeta Isaías respondió en la Biblia cuando recibió su comisión de Dios[4], estableciendo el tono del sueño como de ofrecer dirección. Además, el agua y su posterior ruptura representaban mi propio nacimiento, de manera similar a como se rompe la fuente de una madre antes del parto. El sueño manifestó una visión para comprender el motivo principal detrás de mi nacimiento. En el capítulo uno, establecimos la importancia del conocimiento que Dios tenía de nosotros antes de nuestro nacimiento. A través de este sueño Dios reveló lo que Él siempre había sabido de mí, incluso antes de mi entrada al mundo.

Estar en el infierno y la experiencia de encender las velas de las personas con un simple toque fueron la representación de mi misión: guiar a las personas de la oscuridad a la luz. El argumento de las tinieblas generalmente se refiere a la ignorancia, la opresión y el reino de Satanás; sin embargo, cuando iluminé sus caminos, pudieron comenzar su viaje hacia el reino y la verdad de Dios. Las Escrituras se refieren a los hijos de Dios como "hijos de luz"[5], y el sueño reforzó mi asignación de servir como un faro de luz para guiar a otros a descubrir su senda y su llamado en Cristo Jesús.

Como el Señor me reveló, mi llamado implica transmitir su palabra y guiar a las personas hacia la verdad y a una relación con Él. Este libro es un testimonio de ese llamado y sirve para iluminar a las personas sobre la importancia de los sueños como vía para fomentar una intimidad más profunda con Dios, y así vivir vidas más plenas. Creo que mi representación en el infierno no denotaba mi presencia literal en ese lugar. Más bien indicaba que el propósito de Dios para mi vida requiere que navegue a través de lugares oscuros para impartir su luz mediante la predicación de su Palabra.

Ser perseguida en el sueño por el adversario representaba una guerra espiritual expresada en su intento por lanzar ataques en mi contra. Pero, como se evidencia en Isaías 54:17, ninguna arma forjada contra mí puede prosperar. A pesar de mis encuentros físicos con Satanás en la vida de vigilia, sus ardides permanecieron impotentes contra mí. El sueño también ilustró un momento en el que, a pesar de que las personas hablaban diferentes idiomas, pudimos comprendernos mutuamente, representando mi impacto e influencia sobre diversas culturas. Esto es ahora palpable a través de la amplia gama de traducciones de los sermones y enseñanzas que imparto.

Por último, que Dios me trajera de vuelta al cielo antes de que el Enemigo me alcanzara afirmó su inquebrantable protección y provisión sobre mi vida. Independientemente de las circunstancias que pueda encontrar, el escudo de Dios contra el Enemigo y su plan divinamente ordenado para mí nunca flaqueará. Cuando mi asignación concluya, Él me llamará a casa.

Este sueño direccional fue increíblemente poderoso y me conmovió hasta la médula. Sigue siendo un recordatorio constante de que cuando buscamos la guía de Dios, Él nos enviará en la dirección correcta para servirle y cumplir nuestro verdadero propósito en esta vida. Es un testimonio de que nunca debemos tener miedo cuando seguimos sus mandamientos y que, incluso cuando caminamos por el valle de sombra de muerte, Él siempre está con nosotros y nos protege de nuestros enemigos.

La instrucción del sueño fue multifacética y me proporcionó una comprensión específica y más amplia de mi propósito como ministra. Dios iluminó el foco central de mi ministerio, al mismo tiempo que revelaba el alcance de su cobertura en mi vida. Este sueño fue transformador y puso en marcha una cadena de acontecimientos. Es crucial tener en cuenta que los sueños direccionales de cada persona, en términos de su vocación, son únicos y pueden variar en su nivel de drama o intensidad. Algunos soñadores pueden verse a sí mismos realizando lo mismo que Dios les ha llamado a hacer, mientras que otros pueden recibir la misma visión expresada en parábolas. En cualquier caso, el objetivo general de tales sueños es proporcionarnos un profundo sentido de dirección y propósito para la vida.

Los sueños direccionales también tienen el potencial de revelar nuestros caminos geográficos. Nuestras vidas nunca son aleatorias, ni siquiera tan al inicio como nuestro lugar de nacimiento. Del mismo modo, ciertas etapas de la vida pueden requerir un traslado a un lugar desconocido para cumplir con el propósito divino que se nos ha asignado en función de nuestra identidad en Dios y el llamado para nuestras vidas.

Para mí, seguir una carrera en leyes fue alguna vez mi aspiración y había planeado estudiar en Londres después de terminar la escuela secundaria. Como era la hija menor y la única niña, la idea de estar cerca de casa era deseable tanto para mi madre como para mí. Pero Dios me reveló que fuera a California y, a pesar de nuestros planes iniciales, mi madre y yo consideramos en oración esta nueva dirección. Desde entonces, la evidencia de esta decisión divinamente guiada ha sido extraordinaria, manifestándose a través del fruto de mi vida. La Biblia muestra consistentemente el patrón de Dios cuando dirige a su pueblo hacia un lugar específico para un propósito particular. Por ejemplo, Dios prometió bendiciones a Abraham si se trasladaba a una región específica que Dios le revelaría[6]. Cuando el apóstol Pablo y sus compañeros se propusieron predicar el evangelio en Asia, el Espíritu Santo desautorizó sus planes. Hicieron otro intento de predicar en Bitinia, pero una vez más el Espíritu Santo no lo permitió. Es importante entender que nuestra percepción de lo que es bueno no siempre se encuentra alineada con la voluntad y el propósito de Dios para nuestras vidas. Como tal, el Espíritu Santo no les permitió conformarse con su estándar de bien, sino que los dirigió al estándar de Dios: la alineación con su voluntad y el plan para sus vidas. Después de esta reorientación, les dio una visión que contenía una instrucción clara sobre a dónde debían viajar y predicar el evangelio, en Macedonia[7].

Del mismo modo, los sueños pueden servir como un conducto a través del cual Dios nos comunica instrucciones direccionales, como se evidenció cuando Jacob recibió orientación para regresar a casa[8]. Es pertinente notar que estas instrucciones pueden venir con suma claridad o podemos visualizarnos en una ciudad o país en particular, pero no saber dónde está ese lugar. Sin embargo, al encomendar estos sueños a la oración, Dios a menudo confirma su mensaje a su debido tiempo.

Sueños de impartición

> Y se le apareció Jehová a Salomón en Gabaón una noche en sueños, y le dijo Dios: Pide lo que quieras que yo te dé.
>
> **1 Reyes 3:5**

Los sueños de impartición son encuentros extraordinarios con Dios o un ángel, con el objeto de impartir al soñador verdades sobrenaturales. A menudo vienen con la investidura de los dones del Espíritu Santo, como sabiduría, conocimiento, fe, sanidades, milagros, etc.[9], a fin de equipar al soñador con lo necesario para cumplir su propósito en Dios.

El mensaje recibido en un sueño de impartición se despliega naturalmente en nuestra vida de vigilia sin que se requiera ninguna acción para que se manifieste. Si el sueño implica la visita de un ángel o el Señor Jesús, sirve como un poderoso catalizador para el crecimiento y el cambio en nuestras vidas.

Uno de los sueños más famosos de la Biblia es el sueño de impartición del rey Salomón. Una noche, poco después de convertirse en rey, Salomón tuvo un encuentro con Dios, quien se ofreció a darle todo lo que deseara. Salomón pidió sabiduría para equiparlo como líder eficaz, y Dios le concedió su petición junto con grandes riquezas, posesiones y honor. Como resultado de aquel sueño, Salomón se hizo famoso por su sabiduría y fue ampliamente reconocido como uno de los hombres más sensatos de la historia. Algunas de sus enseñanzas y perspectivas fueron registradas en el libro de Proverbios, que sigue siendo piedra angular de la literatura sapiencial.

En mi experiencia y a través del estudio de la Palabra, he aprendido que los sueños de impartición no suceden al azar. Son el resultado de un corazón que busca fervientemente a Dios por encima de todo[10]. Un corazón que está dispuesto a sacrificar los placeres mundanos para seguir la voluntad de Dios. El encuentro del rey Salomón con Dios a través de su sueño de impartición sirve como un poderoso ejemplo de un corazón desinteresado y humilde que atrae el poder de Dios[11]. Al momento de su encuentro, Salomón encarnó esos rasgos altruistas que eran evidentes en su petición al Señor. A pesar de que se le había dado la oportunidad de pedir un beneficio personal, se sintió impulsado por un propósito y pidió sabiduría para convertirse en un líder eficaz para su pueblo.

Es importante recordar que la ausencia de sueños de impartición no es una indicación de que Dios no esté complacido con nosotros o de que no lo estemos buscando con pureza de corazón. Dios puede impartirnos sabiduría de maneras únicas e individualizadas, alineadas con su propósito para nuestras vidas. Dios nos equipa con los recursos y habilidades únicos que necesitamos para cumplir su propósito de varias maneras. Debemos confiar tanto en la sabiduría de Dios como en la integridad de su naturaleza, y abordar nuestro viaje con fe. Nuestro caminar con Dios no siempre es fácil; podemos enfrentar contratiempos o desafíos, pero debemos confiar en que Dios está obrando todo para nuestro bien[12] y que su plan para nuestras vidas es perfecto.

La impartición puede tomar muchas formas. Mientras que Salomón recibió impartición de sabiduría a través de un sueño de Dios, Josué recibió su impartición cuando Moisés, su líder espiritual, le impuso las manos[13]. Este acto fue aprobado por Dios y permitió que las mismas posibilidades con las que Moisés caminó con Dios se hicieran evidentes en la vida de Josué.

He experimentado varios sueños de impartición a lo largo de mi vida. Un sueño de impartición fue un encuentro con el Señor Jesús que sanó mi cuerpo físico. Antes del sueño había estado experimentando dolor en mi seno izquierdo y, cuando lo examiné, sentí un bulto. Busqué al Señor para que me sanara. Él vino a mí en un sueño y sacó del área afectada lo que parecía un gusano. Me desperté sin el dolor ni el bulto. La amenaza a mi salud fue sanada a través de este encuentro. Esta experiencia reforzó mi fe en la capacidad de Dios para usar los sueños de impartición de modo de satisfacer necesidades específicas y equiparnos para su propósito.

Sueños de estrategia

Reconócelo en todos tus caminos,
y él enderezará tus veredas.
Proverbios 3:6

Los sueños de estrategia son poderosas intervenciones de Dios que ofrecen soluciones divinas a los desafíos personales o profesionales, existentes o potenciales. Se diferencian de los sueños de impartición porque requieren que tomemos las ideas o revelaciones del sueño y apliquemos activamente la sabiduría a las áreas específicas de nuestras vidas que aborda. Estos sueños proporcionan un camino hacia el progreso, la promoción o la prosperidad en nuestras vidas. Dios desea que vivamos en abundancia, y entender que Él es la fuente de todo lo que tenemos nos ayuda a aceptarlo como nuestro proveedor. Incluso el rey David, a pesar de su gran riqueza e influencia como rey, reconoció a Dios como la fuente de todo, declarando: "El Señor es mi pastor; nada me falta"[14]. Es importante notar que Dios nos bendice sin traer tristeza[15]. De modo que sus bendiciones a menudo son la evidencia de una persona que no se dejará controlar por ellas, que no abandonará la integridad para mantener con su propio esfuerzo lo que Dios hizo posible.

Es esencial reconocer que Dios provee la sabiduría divina a través de sueños estratégicos que traen soluciones que necesitamos para superar los desafíos y avanzar en nuestras vidas. La invención de la máquina de coser es un ejemplo fascinante de cómo un sueño estratégico condujo a avances importantes tanto en la industria de la ropa como en la vida personal. Como mencioné anteriormente, el inventor Elias Howe tuvo un sueño que se convirtió en el catalizador para el desarrollo de la máquina de coser[16]. Con el tiempo, este sueño visionario lo sacó de la pobreza y lo llevó a una vida de opulencia.

Del mismo modo, la historia de Madame C. J. Walker es un ejemplo inspirador de cómo los sueños estratégicos pueden conducir a transformaciones que cambian la vida. Al sufrir de pérdida de cabello debido a una afección del cuero cabelludo, se sintió movida a buscar la intervención divina. Un sueño de estrategia le proporcionó una solución factible, revelándole una combinación de ingredientes que podrían remediar la condición de su cuero cabelludo y estimular el crecimiento del cabello. Creó una exitosa línea de productos para el cuidado del cabello que, con el tiempo, ayudó a innumerables mujeres a recuperar la salud y la belleza de su cabello[17].

Estas historias subrayan la importancia de reconocer el significado de estos sueños y cómo pueden ayudarnos a aprovechar el poder divino de Dios. Cuando buscamos su guía a través de nuestros sueños, desbloqueamos la riqueza de la sabiduría y las ideas estratégicas que, en última instancia, pueden conducir a nuestro crecimiento personal y al mejoramiento de la sociedad.

He tenido el privilegio de experimentar de primera mano la guía de los sueños estratégicos. Hace un par de años, cerré un negocio que me hizo ganar una suma de dinero y, en lugar de dejarlo en mi cuenta, quise invertirlo sabiamente. Cuando empecé a estudiar e investigar el mercado de valores, me di cuenta de que me faltaba confianza para tomar decisiones de inversión. Me dediqué a la oración, pidiéndole a Dios que me guiara sobre cómo hacer el mejor uso de mis fondos. Empecé a tener una serie de sueños estratégicos que me proporcionaron información sobre qué acciones comprar y el momento adecuado para venderlas. Estos sueños de estrategia eran notablemente precisos y, en unos pocos meses, mi inversión inicial había rendido más de trescientos por ciento. Esto no solo me trajo aumentos financieros a mí personalmente, sino que también benefició a mi familia y a mis amigos, con quienes compartí estas estrategias.

Como atestiguan los eruditos bíblicos, uno de los relatos más convincentes del poder de los sueños estratégicos en la Biblia se encuentra en la historia de José[18]. Era un prisionero que, a través de la interpretación de un sueño estratégico, fue promovido como segundo al mando de todo Egipto.

En la historia fue el faraón, el rey de Egipto, quien recibió el sueño. A pesar de no adorar a Dios, fue capaz de reconocer la significancia del sueño por haberse repetido el mismo mensaje. Incapaz de interpretarlo, buscó a alguien para que lo descifrara. José fue llevado ante él y Dios le dio el conocimiento necesario para interpretar el sueño. La interpretación reveló lo que pronto sucedería, y José sugirió lo que el pueblo debía hacer para conservar los alimentos cosechados en preparación para una futura hambruna.

La historia de José destaca cómo Dios usa los sueños de estrategia para revelar planes y propósitos divinos que están más allá de nuestra comprensión natural. En este caso, condujo a la salvación de toda una nación de la hambruna. Es un poderoso recordatorio de que buscar la sabiduría de Dios a través de los sueños estratégicos puede conducir a bendiciones y progresos más allá de lo que podríamos imaginar.

Los sueños de estrategia sirven como testimonio de la voluntad de Dios de trabajar junto a nosotros para abordar nuestros desafíos. Nos recuerdan la importancia de buscar la sabiduría y la guía de Dios en cada faceta de nuestra vida, y muestran la notable potencia de los sueños como vehículo para recibir la perspicacia y el conocimiento divinos.

Sueños de aliento

Busqué al Señor y Él me respondió;
me libró de todos mis temores.

Salmos 34:4

Ser alentado es recibir inspiración que nos empodere para superar nuestros miedos y tomar medidas audaces. Es probable que a lo largo de la vida nos encontremos con muchos desafíos que nos hagan sentir temor. Pero estos desafíos a menudo nos brindan la oportunidad de descubrir nuestro verdadero potencial en Dios.

El aliento puede venir en muchas formas diferentes, incluyendo los sueños, que sirven como una confirmación divina de que estamos en el camino correcto. Los sueños nos ofrecen las imágenes y los mensajes que necesitamos para superar nuestros sentimientos de miedo, reemplazándolos con esperanza y determinación. A través de este estímulo, podemos seguir adelante con un nuevo sentido de confianza y propósito.

Los sueños de aliento, como el que Jacob tuvo en Génesis 28, ofrecen un faro de esperanza y tranquilidad cuando nos encontramos perdidos o asustados. Estos sueños son un recordatorio de las promesas y los planes de Dios para nuestras vidas y proporcionan una nueva perspectiva de nuestra situación. Jacob había estado huyendo de su vengativo hermano gemelo, Esaú, pero la promesa que Dios le hizo en su sueño le dio el valor y la fe para el viaje que tenía por delante.

El sueño de Jacob era un mensaje de Dios recordándole que no estaba solo en sus problemas. Dios prometió guiarlo de regreso a su tierra natal y velar por él en cada paso del camino. Este sueño le dio a Jacob esperanza y un renovado sentido de propósito y dirección. Cuando despertó, supo que Dios estaba con él y que estaría bien.

Los sueños de aliento como los de Jacob también pueden inspirarnos a tomar acción. Pueden motivarnos a confiar en las promesas de Dios y a buscar su guía en nuestra vida. Así como Jacob colocó una piedra conmemorativa para marcar el lugar donde se encontró con Dios[19], también nosotros podemos marcar momentos importantes de la vida en los que Dios nos ha hablado a través de sueños u otras señales. Estos estímulos son recordatorios para mantener fuerte nuestra fe, incluso en tiempos difíciles.

Los sueños alentadores pueden manifestarse de varias maneras, como mensajes personales que son el resultado de un encuentro divino o a través de imágenes y simbolismos para transmitir el mismo mensaje. Aunque pueden tomar diferentes formas, su propósito sigue siendo consistente: asegurarte que Dios está contigo y darte esperanza y coraje para seguir adelante con una actitud optimista.

Sueños de advertencia

> Hay camino que al hombre le parece
> derecho, pero su fin es camino de muerte.
> **Proverbios 14:12**

Los sueños de advertencia sirven como un mecanismo de guía divina que nos desvía del peligro inminente hacia el que podríamos dirigirnos sin darnos cuenta. Este tipo de sueños tiene la intención de proteger al soñador o crear conciencia de la participación en actividades que podrían ser potencialmente dañinas, ya sea física o espiritualmente. Los sueños de advertencia a menudo incluyen imágenes vívidas, intensas y recurrentes, para que prestemos mucha atención y cuidado a la advertencia transmitida a través de estos sueños, con el fin de evitar resultados indeseables.

Se dice que Abraham Lincoln, quien se desempeñó como el decimosexto presidente de los Estados Unidos, tuvo un sueño de advertencia antes de su muerte. Su amigo Ward Hill Lamon recordó el vívido sueño que Lincoln tuvo diez días antes de que ocurriera su asesinato. En el sueño, caminó por la Casa Blanca y escuchó a dolientes llorar en otra habitación. Cuando le preguntó a un soldado que montaba guardia quién había fallecido, el soldado respondió: "El presidente. Fue muerto por un asesino"[20]. Trágicamente, días después, Lincoln fue asesinado en el Teatro Ford de Washington, D. C. Se cree que Lincoln vio su sueño como una premonición. No puedo evitar preguntarme si vio esto como una advertencia sobre los planes del Enemigo contra su vida. ¿Qué habría pasado si hubiera hecho caso a esa información y la hubiera reconocido como un riesgo para su seguridad, cancelando los planes que se hicieron públicos, y se hubiese tomado un tiempo para orar por una mayor comprensión del sueño? ¿Habría sido diferente su destino? Si bien nunca lo sabremos con certeza, mi experiencia personal y la de otros con sueños de advertencia han demostrado que es primordial considerar cuidadosamente los detalles proporcionados a través de la oración y tomar medidas. Siendo humildes y curiosos nos hacemos receptivos a la guía que nos llega a través de los sueños de advertencia.

En la Biblia también hay varios ejemplos de sueños de advertencia. Un ejemplo de ello es cuando el rey Abimelec tenía intenciones de acostarse con Sara, la esposa de Abraham. Abraham, temiendo por su seguridad, la había presentado a Abimelec como su hermana y este la hizo llamar. Pero en la misericordia de Dios, Abimelec fue visitado en un sueño, y este sirvió como advertencia para evitar que cometiera adulterio con la esposa de un hombre en pacto con Dios y para evitar que atrajera maldición sobre su casa.

> Pero Dios vino a Abimelec en sueños de noche y le dijo: "He aquí, muerto eres, a causa de la mujer que has tomado, la cual es casada con marido". Mas Abimelec no se había llegado a ella, y dijo: "Señor, ¿matarás también al inocente? ¿No me dijo él: Mi hermana es; y ella también dijo: Es mi hermano? Con sencillez de mi corazón y con limpieza de mis manos he hecho esto". Y le dijo Dios en sueños: "Yo también sé que con integridad de tu corazón has hecho esto; y yo también te detuve de pecar contra mí, y así no te permití que la tocases. Ahora, pues, devuelve la mujer a su marido; porque es profeta, y orará por ti, y vivirás. Y si no la devolvieres, sabe que de cierto morirás tú, y todos los tuyos"[21].

El sueño de Abimelec fue un encuentro directo con Dios, quien lo impulsó a devolverle a Abraham su esposa antes de que sufriera su destrucción. Del mismo modo, los sueños de advertencia sirven al propósito de proporcionar orientación en áreas en las que podemos ser ignorantes o estar tomando decisiones sin conocimiento. Tales decisiones podrían traer destrucción personal, profesional o de otras maneras.

Además de alertarnos sobre daños físicos, los sueños de advertencia también pueden advertirnos sobre peligros espirituales. La cultura actual es testigo de una mezcla de cristianismo con prácticas de la Nueva Era, como la limpieza espiritual con salvia, el uso de cristales, la apertura del tercer ojo y la lectura de cartas del tarot. Estas prácticas suelen ser puertas demoníacas que conducen a un período de preparación para la opresión y el tormento en nuestras vidas. Desafortunadamente, muchos no reconocen estos peligros y no se dan cuenta de dónde han abierto la puerta al daño espiritual.

A lo largo de los años, he sido testigo de cómo personas afligidas por espíritus demoníacos han sido liberadas y sanadas. Pero mientras estuvieron afligidos, tenían un patrón recurrente de sueños. Estos sueños representaban accidentes automovilísticos mientras conducían, lo que representa una amenaza inminente de destrucción.

Otros sueños incluían ser abusados sexualmente por individuos aparentemente conocidos o criaturas extrañas, a pesar de que el soñador no estaba luchando contra la adicción sexual o experimentando ese trauma en su vida de vigilia. Este tipo de sueños se puede interpretar al comprender el significado espiritual del sexo. Físicamente, el sexo conduce a la unión de la carne[22], lo que espiritualmente significa intimidad. Cuando entregamos nuestras vidas a Dios, nos convertimos en uno con Él en espíritu[23]. Todo lo que está fuera de Él representa una forma de adulterio espiritual, y los que codician tales cosas son considerados adúlteros por Dios[24]. Por lo tanto, ya sea que uno se involucre voluntariamente o sin saberlo en prácticas demoníacas, construye acuerdos con el reino de las tinieblas, lo cual representa una forma de intimidad con Satanás. Por lo tanto, algunos sueños que parecen gráficos, pueden ser sueños de advertencia de Dios, en tanto revelan el daño al que nuestro espíritu ha estado expuesto por entregarse a prácticas demoníacas. El propósito de estos sueños no es infundir miedo, sino guiar al soñador hacia el bienestar espiritual. Sin embargo, si un sueño gráfico, en lugar de despertar la curiosidad en el soñador y el deseo de aclarar su significado, desencadena eventos traumáticos o causa un miedo debilitante, es probable que la fuente no sea Dios.

Otro ejemplo de este tipo de sueños sería ser perseguido por un perro, a pesar de que la persona no tenga miedo de estos animales.

En la Biblia, los perros se usan a menudo para representar cosas inmundas[25] y hay quien cree que este tipo de sueños significa gula. En este sentido, representa adulterio espiritual alimentarse de cualquier cosa que parezca espiritual sin considerar sus riesgos y peligros para la vida de uno.

Cuando este tipo de sueños se vuelve recurrente es una señal de que uno debe prestar atención a sus advertencias. A través de la oración y la humildad, el soñador puede pedirle al Señor que revele cualquier cosa a la que se haya expuesto y que haya abierto la puerta a un pacto demoníaco que esté operando en contra de su vida. La Biblia nos promete bondad y misericordia todos los días de nuestras vidas[26]. Aunque algunos sueños pueden representar la bondad de Dios, los sueños de advertencia a menudo representan la misericordia de Dios para con nosotros. Sirven para hacernos conscientes del daño potencial con el fin de ponernos fuera de peligro. Es esencial prestar atención a tales advertencias para protegernos espiritual y físicamente.

Sueños de centinela

Porque el Señor me dijo así: Ve, pon centinela
que haga saber lo que vea.

Isaías 21:6

El término centinela tiene sus raíces en la palabra hebrea *ṣāpâ*, que significa vigilar o espiar peligros potenciales[27]. Aunque la palabra sugiere un cierto género, el enfoque es la posición y la función. En los tiempos bíblicos, se nombraban centinelas para ejercer vigilancia sobre una ciudad o nación, de modo que alertaran a sus habitantes de un peligro potencial o inminente. Estos vigías existieron tanto en el ámbito natural como en el espiritual, como vemos con el profeta Ezequiel, a quien Dios designó como atalaya de los israelitas durante su tiempo[28]. Cuando Dios lo previno de un peligro inminente, Ezequiel advirtió al pueblo y los que prestaron atención a las advertencias alcanzaron la redención.

Ser un vigilante espiritual implica recibir una visión divina para discernir los planes del Enemigo contra los territorios que Dios le ha asignado a ese centinela. Esos territorios incluyen a la familia, el lugar de trabajo, las relaciones, grupos pequeños, etc. A diferencia de los sueños de advertencia, que transmiten mensajes específicos para el soñador, los sueños de centinela contienen información sobre todos aquellos que han sido asignados a la vida del soñador. Entonces, a través de la oración, el centinela puede prevenir y contrarrestar los planes malvados. Por ejemplo, en una oportunidad Jesús se comunicó con su discípulo Pedro para informarle que Satanás tenía planes de abatirlo, tentándolo a negar a Jesús. Pese a que Pedro estaba convencido de que nunca negaría a Cristo, Jesús conocía la magnitud del peligro y le reveló su estrategia para proteger la fe del discípulo. Él simplemente dijo: "Pero yo he orado por ti"[29]. Para Pedro, la oración de Jesús fue la garantía de que, aunque cayera en la trampa de Satanás, la agenda final del Enemigo fracasaría porque Jesús había orado por él, equipándolo sobrenaturalmente con gracia para triunfar.

La función clave de un centinela es estar consciente de las trampas del Enemigo y usar el poder de la oración para frustrar su agenda. Dios a menudo revela tal conocimiento a través de mensajes, tal como los sueños de centinela, que revelan su plan divino o la agenda del Enemigo y requieren de colaboración con oraciones para que triunfe el primero o para bloquear a la segunda.

Algunos pueden preguntarse por qué Dios no se encarga de estas agendas por su propia cuenta. Pero la historia de Elías ofrece una idea de la necesidad de asociarse con la voluntad de Dios. Después de que Elías declaró una sequía que duraría tres años y medio, Dios le instruyó para que transmitiera el mensaje de que la sequía había terminado[30]. Esta era la palabra de Dios, su propósito, y Elías era su instrumento para declararla y hacerla cumplir. Sin embargo, el papel de Elías no terminó allí, ya que las Escrituras relatan que "era hombre sujeto a pasiones semejantes a las nuestras, y oró fervientemente"[31]. Por medio de la oración, Elías se colocó a sí mismo en posición de asociarse con la voluntad de Dios. Esto refleja la confianza de Dios en la humanidad para realizar sus mandatos en la Tierra[32]. La agenda de Dios no puede establecerse plenamente sin nuestro consentimiento, porque Él ha dado al ser humano dominio sobre la Tierra; por lo tanto, requiere de su asociación con nosotros. A lo largo de las Escrituras, la cooperación continua entre Dios y la humanidad es evidente e ilustra el concurso requerido para cumplir su agenda. Antes de que Jesús naciera, Dios hizo surgir a una profetisa llamada Ana, quien oró incesantemente por la llegada del Señor[33]. Esto recalca la urgencia de asociarse con la voluntad de Dios por medio de la oración.

Todos estamos llamados a ser centinelas de varios territorios, comenzando con nuestras familias. En la medida en que crecemos en nuestro caminar con Dios, Él puede ampliar nuestra esfera de influencia, llevándonos a tener sueños con respecto a nuestras comunidades, ciudades, trabajos, naciones y mucho más. Los sueños de centinela revelan la amplitud del territorio que Dios nos ha llamado a vigilar.

Una vez tuve un sueño de centinela con respecto a mi hermano. En el sueño vi un calendario impreso con una fecha encerrada en un círculo rojo, lo que me revelaba que el Enemigo tenía un plan en contra de la vida de mi hermano. Al despertar, escribí la fecha, la compartí con él y comencé a orar por su protección. Varias semanas después, mi hermano se dio cuenta de que lo seguía un coche con varios hombres con las características de una peligrosa banda. Intentó evadirlos haciendo giros aleatorios, pero ellos lo siguieron persistentemente. Esto lo alertó sobre la posibilidad de un intento de robo. Finalmente escapó de ellos y regresó a casa sano y salvo.

> Los sueños no son un fin en sí mismos. Deben servirnos como un llamado a la acción.

Después de compartir su experiencia conmigo, hice una referencia cruzada de la fecha con mis notas anteriores confirmando la visión que Dios me había enviado. A través de la oración nos habíamos asociado con Dios para detener el plan del enemigo y proteger la vida de mi hermano. Esto sirve como testimonio del alcance de los sueños de vigilante y el poder de la oración para asociarse con la voluntad de Dios.

Compartir los sueños de vigilante requiere discernimiento. Si tu sueño incluye elementos urgentes como una fecha o un incidente específico, es recomendable compartirlo con la persona de la que se trata. Esto puede ayudarlos a mantenerse atentos y conscientes de los detalles del sueño. Pero si el sueño carece de intuiciones o no da instrucciones claras, es mejor no compartirlo. De esta manera, evitas que la persona se preocupe o se asuste. Por ejemplo, si tu sueño sugiere que cierta persona podría morir, no te apresures a compartirlo. En lugar de eso, pasa tiempo orando por esa persona. Declara las promesas de Dios relacionadas con larga vida, confiando durante la oración en el poder de la Palabra de Dios para frustrar los planes del Enemigo.

Así como Dios usa socios para llevar a cabo su agenda divina, el Enemigo requiere de socios para ejecutar sus planes. Los hombres que seguían a mi hermano no lo hacían por mera coincidencia; eran vulnerables a ser utilizados como instrumentos de la agenda de Satanás. A través de la oración podemos detener los planes del Enemigo y evitar que esas horribles imágenes se desarrollen en la vida real.

Es esencial recordar que los sueños no son fines en sí mismos; deben servirnos como un llamado a la acción. Cuando recibimos un mensaje a partir de un sueño, debe motivarnos a actuar.

Padre Celestial, Tú eres el dador de todos los buenos dones, y te agradezco por el precioso regalo de los sueños que me ofrecen perspicacia, dirección y guía. Te agradezco por los diferentes tipos de sueños que pueden advertirme del peligro, revelar verdades ocultas sobre mis situaciones y llamarme a la acción. Señor, confieso que a veces no soy tan sensible a tu voz como debería serlo. Te pido que me ayudes a ser más consciente de los sueños que me das para que pueda entenderlos más fácilmente y usarlos para llevar a cabo tu voluntad para mi vida. Te pido tu guía y dirección mientras busco interpretar y entender mis sueños. Que me acerque a ellos con humildad y apertura a tu dirección. Oro esto en el nombre de Jesús, quien nos enseñó a orar, diciendo: "Padre nuestro que estás en el cielo, santificado sea tu nombre. Venga tu reino. Hágase tu voluntad en la tierra como en el cielo. Danos hoy nuestro pan cotidiano. Perdónanos nuestras ofensas, como también nosotros hemos perdonado a nuestros ofensores. Y no nos dejes caer en tentación, sino líbranos del maligno"[34]*. En el nombre de Jesús, amén.*

Preguntas de reflexión

1. ¿Recuerdas haber experimentado alguno de los temas oníricos que se discuten en este capítulo? ¿Cómo influyeron en tu vida?
2. ¿Qué tipos específicos de sueños estás buscando actualmente de Dios?

SEIS

LA INTERPRETACIÓN DE LOS SUEÑOS

¿No son de Dios las interpretaciones?

Génesis 40:8

En enero de 2018, tuve la oportunidad de coescribir, coproducir y codirigir un cortometraje que se presentó en Los Angeles Movie Awards. Estábamos encantados de ganar el Premio del Público, sobre todo porque era mi primera experiencia trabajando en una película. Pero cuando miré hacia atrás en el viaje de hacerla, me di cuenta de que había muchas caras invisibles que jugaron un papel fundamental para dar vida a la película y transmitir su mensaje a la audiencia. Antes de esta experiencia, solía omitir los créditos de categorías como mejor mezcla de sonido, mejor diseño de producción y mejor diseño de vestuario cuando veía ceremonias de premios, creyendo que eran irrelevantes. Ahora sé que cada elemento de una película contribuye a su impacto general.

Desde los efectos de sonido hasta la edición, la gradación de color, el diseño de vestuario y la banda sonora de la película, todos los aspectos deben funcionar en armonía para contar la historia de manera efectiva. Por ejemplo, una película romántica con la banda sonora de una película de horror o los actores vestidos con pinchos, dejarían a la audiencia confundida, incluso si la actuación y la historia fueran claras. Lo mismo ocurre con nuestros sueños: para comprender plenamente su mensaje, debemos tener en cuenta todos sus elementos.

Mi familia y amigos me han llamado durante mucho tiempo "José, el intérprete de los sueños", debido a mi capacidad para entender e interpretar los mensajes transmitidos a través de los sueños. Al igual que el bíblico José, creo que este don no es simplemente un talento natural o una perspicacia, sino el resultado de estar en relación con Dios. El verdadero don es el Espíritu Santo, mientras que nosotros somos solo el instrumento a través del cual Él fluye.

Como dijo el mismo José: "¿No son de Dios las interpretaciones?"[1]. En otras palabras, en última instancia, es Dios quien revela el significado de nuestros sueños y nuestro papel es simplemente estar abiertos y ser receptivos a su guía.

Cuando era más joven, la interpretación de los sueños me resultaba fácil. Ya fueran mis propios sueños o los sueños de otros, podía discernir inmediatamente su significado. Pero a medida que crecía, se hizo más difícil. Con el tiempo me di cuenta de que el cambio se había producido de tal manera que yo no sería simplemente un instrumento para la interpretación de los sueños, sino que también enseñaría a otros a hacerlo. Así que, en mis años de adultez, el Señor comenzó a enseñarme no solo a interpretar mis propios sueños, sino también a entrenar a otros para que comprendieran los mensajes divinos revelados en los suyos. Esto requirió que aprendiera y aplicara pasos prácticos y herramientas para la interpretación de los sueños, incluso cuando confiaba en el Espíritu Santo para obtener guía y certidumbre.

La interpretación de los sueños es una habilidad importante que todo creyente debe desarrollar. Al aprender a entender los mensajes que Dios nos envía a través de nuestros sueños, podemos profundizar nuestra relación con Él, obtener sabiduría y comprensión de nuestras vidas, y ayudar a otros a hacer lo mismo.

A medida que he profundizado en la Palabra de Dios, he llegado a ver que la multiplicación es un tema clave a lo largo de las Escrituras. Está entretejida en la trama misma de la naturaleza y el carácter de Dios. Por ejemplo, cuando Dios creó a los seres humanos, su primera instrucción para ellos fue "Sean fructíferos y multiplíquense"[2]. Este mandamiento no se refería solo a la descendencia física, sino también a la multiplicación de todo lo que Dios les había confiado. Y cuando Jesús vino a la tierra, no solo se enfocó en construir un seguimiento de discípulos individuales. Seleccionó un equipo de apóstoles que continuarían su misión después de su partida y prometió que harían cosas aún más grandes que las que Él había hecho[3]. Esto habla del deseo de Dios de multiplicarse, de difundir el evangelio y las obras del Espíritu Santo a través de muchas manos y muchos corazones.

Lo mismo es cierto en la interpretación de los sueños. A medida que enseño a otros a entender y conectar con el Espíritu Santo en sus propios sueños, estoy multiplicando la comprensión que Dios me ha dado. Estoy compartiendo lo que he recibido para que otros puedan beneficiarse de ello y, a su vez, puedan enseñar a otros. Es un hermoso ciclo de gracia, generosidad y multiplicación que refleja el sentimiento de Dios y su deseo de bendecir y empoderar a sus hijos.

Como mencioné anteriormente, cada elemento de un sueño tiene un significado. Esto es especialmente evidente en la historia de José,

Cada elemento en un sueño tiene un significado.

quien fue dotado por Dios de perspicacia y entendimiento en este asunto. Al estudiar el enfoque de José para la interpretación de los sueños, podemos ver que no se limitó a dar un mensaje aislado, carente de cohesión con el sueño mismo. Más bien, fue capaz de captar el simbolismo y significado de cada elemento del sueño, y entretejerlos en un mensaje coherente. Podríamos descartar un sueño como insignificante o sin sentido, cuando un mensaje de Dios está, de hecho, oculto en los símbolos.

Examinemos cómo José abordó la interpretación de los sueños.

Mientras estaba en prisión, se le aproximó un antiguo copero del faraón, que había sido encarcelado junto a él. El copero le contó a José un sueño, y José pudo proporcionar una interpretación integral que unía cada elemento del sueño. Esta atención al detalle y la sensibilidad al simbolismo es lo que diferencia a la interpretación efectiva de los sueños del análisis superficial. Al sumergirnos profundamente en las imágenes y el lenguaje de un sueño, podemos descubrir verdades y percepciones profundas que pueden cambiar el curso de nuestras vidas.

> Entonces el jefe de los coperos contó a José el sueño que había tenido:
>
> —Soñé que frente a mí había una vid, la cual tenía tres ramas. En cuanto la vid echó brotes, floreció y maduraron las uvas en los racimos. Yo tenía la copa del faraón en la mano. Tomé las uvas, las exprimí en la copa y luego puse la copa en manos del faraón.
>
> Entonces José dijo:
>
> —Esta es la interpretación de su sueño: Las tres ramas son tres días. Dentro de los próximos tres días el faraón lo indultará a usted y volverá a colocarlo en su cargo. Usted volverá a

poner la copa del faraón en su mano, tal como lo hacía antes, cuando era su copero[4].

Es fascinante ver cómo la interpretación de un sueño puede depender del simbolismo y las imágenes que contiene. En el caso de la interpretación de José del sueño del copero, podemos ver cómo cada elemento del sueño trabajó en armonía para transmitir un mensaje específico.

Por ejemplo, cuando José oyó de las tres ramas en el sueño, reconoció que representaban tres días. Esto estaba relacionado con el símbolo de las "uvas maduras", que era significativo porque la responsabilidad principal del copero era manejar la copa del rey. El vino, que normalmente se elabora con uvas, es una bebida común que se sirve en una copa de ese tipo. Como tal, la imagen de tres ramas produciendo el vino que iba a la copa en la mano del copero, se convirtió en una poderosa metáfora para comunicar el mensaje de que el copero sería restituido en su posición anterior en un lapso de tres días.

Este ejemplo resalta la importancia de prestar atención a lo que hay en tu sueño, los símbolos y los detalles, para comprender su mensaje. Es así como puedes obtener una comprensión más profunda de los mensajes que Dios podría estar brindándote.

Símbolos de los sueños

Si bien los símbolos de los sueños suelen ser únicos para cada soñador, ciertas categorías pueden ser útiles a la hora de interpretar un sueño. Dentro de nuestra cultura hay muchas formas espiritualmente pervertidas de interpretar estos símbolos, por lo que es fundamental filtrar su comprensión a través de los límites y guía de la Palabra de Dios a la hora de interpretar un sueño que proviene de Él. Algunas de las categorías comunes de símbolos oníricos incluyen actividades, tono, números, colores, personas, nombres y locaciones. Estos símbolos pueden tener un significado tanto espiritual como literal dependiendo del contexto del sueño.

Actividades

Uno de los símbolos más importantes en la interpretación de los sueños es la acción principal que tiene lugar en él. Los sueños pueden ser lo suficientemente confusos como para que adquiramos el hábito de no prestar la debida atención a lo que sucedió. El mero hecho de soñar con una serpiente, por ejemplo, sin tener en cuenta la acción implicada, puede llevar a una interpretación sesgada. La diferencia entre ser mordido por una serpiente y matar a una serpiente representa dos significados muy diferentes.

Volvamos a José. En Génesis 40, tanto el copero como el panadero compartieron sus sueños con él. Como comentamos anteriormente, José interpretó el sueño del copero y predijo un sino favorable. Pero el sueño del panadero mostraba un futuro menos deseable. La acción en ambos sueños proporcionó información sobre el destino de los dos individuos. En el sueño del copero, José interpretó la acción de una vid produciendo uvas maduras. El copero se representaba sosteniendo la copa del rey, prensando las uvas en la copa y regresándola a manos del monarca. Este acto ilustró bastante bien el restablecimiento del copero en su posición anterior.

El sueño del panadero contaba una historia diferente. Mientras llevaba tres canastas en su cabeza, el panadero vio que unos pájaros venían a comerse todos los productos horneados destinados al rey.

Es esencial observar la acción en este sueño, el cual enfatiza el fracaso de la llegada de los panes y pasteles a la mesa del rey, ya que son devorados por los pájaros. Ignorando el detalle de la actividad de los pájaros, el sueño podría malinterpretarse como uno de restauración para el panadero también. Pero al tomar en cuenta esas acciones, estaba claro que no se trataba de un sueño de renacimiento, sino más bien uno con énfasis en el fin. El panadero ya estaba en la cárcel, pero el sueño fue todavía más allá. Cuando José interpretó el sueño, la acción significaba la muerte inminente del panadero ordenada por el rey.

Por lo tanto, en la interpretación de los sueños es esencial prestar atención a las acciones y eventos en desarrollo. Al observar la actividad en detalle, podemos obtener una interpretación más precisa del sueño.

Tono

El tono general de un sueño puede revelar la emoción detrás del mensaje, como un sentimiento ominoso que indica una advertencia o la esperanza y el aliento que indican favor y restauración. Un símbolo positivo para una persona puede ser negativo para otra, dependiendo del tono del sueño.

El tono general de un sueño tiene un impacto concluyente en nuestra comprensión de este. Por ejemplo, tuve un sueño en el que de repente emergieron tiburones voladores y devoraron a todas las moscas de la zona. Si bien me preocupaban los tiburones, también experimentaba paz, sabiendo que estaba protegida de cualquier daño. Esto me llevó a considerar las plagas en Egipto que afectaron solo a los egipcios que se oponían al pueblo de Dios. Sin embargo, el pueblo de Dios permaneció protegido de las plagas.

Comprender el tono del sueño fue esencial para descifrar la profundidad del mensaje. En este sueño se registraba la ausencia de moscas que, naturalmente, consumen materia muerta. Sin moscas en el mundo, habría basura por todas partes. Las moscas simbolizaban lo que consume las obras muertas en la vida de las personas. La Biblia nos instruye a arrepentirnos de las obras muertas que son contrarias a los caminos de Dios[5]. Con las moscas extintas, tales obras muertas serían evidentes para el mundo. Los tiburones voladores representaban a los medios de comunicación, que revelan secretos ocultos y obras muertas al público.

El sueño transmitía un mensaje profético sobre los próximos acontecimientos y el Espíritu Santo me reveló que ciertos canales de comunicación expondrían a personas cuya imagen pública era una representación falsa de su verdadero carácter. Estos lobos con piel de oveja serían develados, exponiendo la verdad de sus acciones a pesar de creerse ocultos a la sociedad. Entender el tono dio una idea del propósito de este mensaje, lo que resultó en una comprensión más completa del significado profético.

Otro ejemplo es el sueño que una amiga compartió conmigo y que, inicialmente, la alarmó. Soñó con un animal que la atacaba y estaba preocupada con la descripción de los símbolos con los que había soñado. Pero cuando se le preguntó cómo se sentía en el sueño, manifestó una sensación de calma y confianza sabiendo que podía derrotar o escapar del animal. Comprender el tono del sueño nos orientó hacia la interpretación de un obstáculo próximo en su vida de vigilia, pero uno al que no debería temerle porque Dios le abriría el camino. Cuando entendi-

Un símbolo que es positivo para una persona puede ser negativo para otra.

mos el tono emocional del sueño, su significado se hizo más claro y le hizo posible confiar en la provisión y protección de Dios.

Ya sea que se trate de una advertencia o de un mensaje edificante, el tono es crucial para realizar de forma puntual la interpretación de los sueños.

Números

Los números juegan un papel integral en nuestra comprensión del mundo que nos rodea. Dios estableció patrones de orden y estructura a través de números. Por ejemplo: en Génesis 2:2, leemos: "Y acabó Dios en el día séptimo la obra que hizo; y reposó el día séptimo de toda la obra que hizo". Vemos entonces un patrón numérico y, en el número 7, la representación simbólica de consumar algo o del perfeccionamiento de algo.

Los números son importantes en la comunicación de Dios con nosotros, ya que pueden usarse como símbolos para transmitir verdades espirituales profundas. En la Biblia vemos numerosos ejemplos de cómo Dios usa números para comunicar sus propósitos y planes a su pueblo. Un ejemplo es el sueño del copero que José interpretó, en el que tres ramas representaban los tres días que transcurrirían hasta que el copero fuera restablecido en su posición original. Bíblicamente, el número tres representa la plenitud, como se ve en la plenitud de la Deidad (Dios el Padre, el Hijo y el Espíritu Santo), así como en la resurrección de Jesús al tercer día después de su crucifixión.

Otro número notable en la Biblia es el cuarenta, el cual generalmente simboliza un período de prueba, tribulación o preparación antes de un nuevo comienzo o cambio crucial. Esto se ve en los cuarenta años que Moisés pasó en Egipto, y se ve de nuevo en el desierto antes de sacar al pueblo de Dios de la esclavitud. Lo vemos también en el ayuno de cuarenta días de Jesús en el desierto antes de comenzar su ministerio.

A medida que estudies la Biblia, comenzarás a descubrir que muchos números tienen patrones distintivos de significado con Dios. Un número también puede representar un pasaje de las Escrituras al que Dios quiere que te aferres como recordatorio de su promesa para ti.

Por ejemplo, hubo un momento en mi vida en el que el Señor me pidió que orara diariamente a las 3:20 a.m. Al principio necesitaba poner una alarma para despertarme, pero luego comencé a hacerlo naturalmente después de un sueño, pues cuando miraba el reloj, siempre eran las 3:20 a.m., justo antes de que sonara mi alarma. No entendí el significado de la hora hasta que le pregunté al Señor y Él me guio a Efesios 3:20, que habla de la capacidad de Dios para brindar abundantemente más de lo que podemos pedir o imaginar. Ese pasaje de las Escrituras me animó por un tiempo cuando sentí que las visiones de Dios para mi vida iban más allá de lo que podía creer. Me recordó que debía caminar por fe y confiar en Aquel a quien debo mi llamado. Hasta hoy sigue siendo una de mis escrituras favoritas.

Además de representar escrituras o ideas espirituales, los números también pueden tener significados literales en un sueño. Por ejemplo, una vez escuché el sueño de una joven en el que luchaba en un cuadrilátero con tres criaturas de aspecto demoníaco. El Señor me dio una visión espiritual sobre la interpretación del sueño. Estas criaturas representaban a tres personas en su lugar de trabajo, que dificultaban sus labores y que le hacían sentir que debería renunciar. La razón por la que las tres criaturas parecían demoníacas era porque sus ataques no eran aleatorios, sino que tenían una influencia maligna detrás de ellos. Tales experiencias nos recuerdan que "no tenemos lucha contra sangre y carne, sino contra principados, contra potestades, contra los gobernadores de las tinieblas de este siglo, contra huestes espirituales de maldad en las regiones celestes"[6].

Está claro que Dios se comunica a través de los números, y los sueños pueden ser un canal para recibir este tipo de mensajes. Cuando los números se destaquen en tu sueño, préstales atención. Esto podría ser el número de objetos, animales o personas en el sueño; ver un momento específico en el sueño o despertarse constantemente a una hora específica después de un sueño. Estos detalles son esenciales para entender tus sueños.

Sin embargo, es primordial no caer en la trampa de las doctrinas de la Nueva Era como los "números angelicales". La idea detrás de los números angélicos es que, al ver repetidamente ciertas secuencias numéricas, estás recibiendo la guía divina de un ángel. Esto a menudo se basa en la cultura popular y no en fundamentos bíblicos. Por ejemplo, el número 11:11 se ha puesto de moda y la gente atribuye su aparición repetida a la intervención divina. Pero esto puede estar más relacionado con la memoria y la familiaridad que con la guía de Dios. Es como cuando deseas un determinado coche y de repente ves el coche por todas partes. ¿Por qué? Por defecto, tu mente presta atención a aquello con lo que estás conscientemente familiarizado o emocionalmente involucrado. Por lo tanto, ver un cierto número repetidamente no es señal inequívoca de que se trate de un mensaje divino. Es importante confiar en la dirección del Espíritu Santo para discernir el significado de los números en tus sueños.

Seguir los números angelicales o cualquier fuente externa fuera de Dios puede llevar al engaño y la manipulación por parte del Enemigo. Si atribuyes significado a un número que no tiene fundamento bíblico, te expones a ser engañado, porque Satanás es un ángel cuya misión es engañar al pueblo de Dios. Por ejemplo, si crees que un número angelical en particular indica que estás en el camino correcto, el Enemigo puede manipular tu atención hacia ese número para mantenerte en el camino equivocado. Es importante confiar solo en la guía de Dios y no en fuentes externas que pueden guiarte fuera de la senda.

Si bien los números pueden ser útiles para interpretar los sueños y discernir la voluntad de Dios, nunca deben reemplazar una relación personal con Él. Mientras buscamos entender el simbolismo y el significado de los números, nuestra prioridad debe ser acercarnos más a Dios y profundizar en nuestra comprensión de su carácter.

Colores

Hace un tiempo un amigo mío estaba contemplando proponerle matrimonio a su novia, pero tenía reservas sobre si ella se alineaba con la voluntad de Dios para su vida. Sabía que confiar en su propia sabiduría o emociones no sería suficiente, ya que anteriormente había cometido ese error. Así que encomendó su petición a la oración, buscando la aprobación de Dios. Dios le respondió a través de un sueño. En este sueño vio dos versiones de su vida: una con su novia y la otra sin ella. Las escenas sin ella eran en blanco y negro y él se sentía infeliz e insatisfecho. Pero las escenas con ella eran en color, vibrantes y hermosas, y él se sentía pleno de gozo y alegría. A través de la oración reconoció que su sueño era una clara señal de Dios. Fue entonces que mi amigo le propuso matrimonio a su novia, se casó, y ahora está agradecido por la mujer que Dios le dio.

Los colores son parte de la creación de Dios y reflejan la belleza de su obra.

Recuerdo un sueño que tuve cuando era niña mientras pasaba por un momento de tristeza y anhelo por mi padre ausente. Le pedí que me alzara y me acunara. En el sueño experimenté mi primer encuentro con Dios Padre y fue verdaderamente glorioso. Su esencia irradiaba una espléndida luz que hacía que su rostro fuera cegador. No podía verlo y mantuve la cabeza baja con reverencia. Estábamos en un hermoso jardín lleno de flores radiantes y coloridas que nunca había visto. La atmósfera estaba cargada de un inexplicable gozo que se transfería a mí. Entonces, Dios hizo algo impensable. Me levantó y comenzó a acunarme, haciéndome tan feliz, que lágrimas de alegría corrieron por mi rostro. Incluso al despertar me sentí confortada por la intensa sensación de felicidad y emoción. Me di cuenta de que Dios es verdaderamente mi Padre celestial y, aunque parezca que falta algo en mi vida natural, ese no es el caso. Desde ese sueño mi vida se ha visto muy impactada, y el recordar esos colores indescriptibles y esa experiencia siempre me hace sonreír.

La vitalidad de los colores en los sueños puede ser altamente simbólica y capturar las emociones o mensajes que se transmiten. El sueño de Dios meciéndome tenía colores tan brillantes que permearon el mensaje de alegría y emoción.

Los colores en los sueños a veces pueden actuar como señales que confirman lo que estás destinado a hacer en tu vida de vigilia. Por ejemplo, si en un sueño estás compartiendo un mensaje con alguien cuyo color de atuendo te llama la atención, y más tarde, cuando lo ves en la vida real está vestido de ese color en particular, puede ser una confirmación de que debes compartir el mensaje del sueño.

Gente

Uno de los obstáculos más desafiantes en la interpretación de los sueños es cuando en ellos aparecen personas. Es fácil suponer que el sueño solo tiene un significado literal, pero a menudo está cargado de significado espiritual. Esto puede crear confusión en algunos momentos.

Por ejemplo, una joven tuvo un sueño conmigo, en el que le hacía una corrección y le explicaba por qué sus acciones no eran agradables a Dios. Cuando se arrepintiera, recibiría el gran avance por el que había estado orando. La joven aplicó el mensaje y fue testigo de cambios importantes en su vida. Cuando compartió su experiencia conmigo, la interpretó como una señal de que yo estaría disponible para ser su mentora personal, lo cual no era posible en ese momento. La tutoría no siempre requiere de una relación personal, sino más bien de la capacidad de aprender de las enseñanzas de otra persona. Yo encomiendo personalmente al Señor la decisión de guiar a alguien. Pero en este caso, intuí que no se trataba de tutoría. Más bien, debido a que ella me admiraba espiritualmente, Dios podría haber usado mi imagen en su sueño para comunicarle el mensaje. He tenido experiencias similares con mi pastor porque reconozco su autoridad espiritual. No es raro que las personas experimenten a sus padres biológicos usados por Dios de esta manera.

En los sueños, las personas pueden ser utilizadas como símbolos que comunican un mensaje específico de Dios. Por ejemplo, un sueño puede hacer referencia al nombre de alguien o a algo puntual con relación a la vida de esa persona, que sea importante para el mensaje que Dios te está comunicando. Antes de conocer a mi esposo tuve varios sueños simbólicos relacionados con puntos clave sobre él. Pero estos sueños no tenían la intención de obsesionarme o llevarme a concluir que una persona específica era mi futuro cónyuge. Estos sueños estaban allí para servir como una confirmación de que conocería a la persona que Dios había ordenado para mí.

Estos sueños me enseñaron que algunos sueños, especialmente los que involucran a personas, pueden tardar en interpretarse, ya que su mensaje puede no ser aplicable a la situación presente, sino más bien una confirmación para algo en el futuro. De hecho, los sueños pueden servir como un poderoso recordatorio de que Dios nos conducirá y orientará a través de los muchos cambios de la vida. Pero la interpretación de estos sueños puede requerir de paciencia y una confiada dependencia en la guía del Espíritu Santo.

Después debemos considerar la complejidad en torno a los antecedentes culturales y las creencias sobre lo que significa soñar con personas muertas. Algunos pueden interpretarlo como bueno mientras que otros lo ven como algo malo, pero no es tan simple. Bíblicamente se nos advierte que no consultemos a los muertos[7], lo cual para Dios es una abominación. Las personas pueden argumentar la interpretación de sueños con muertos como algo negativo o malvado, pero es importante señalar que soñar con muertos no es lo mismo que consultarlos. La consulta se refiere a buscar deliberadamente información o consejo, mientras que, en los sueños, los muertos parecen venir a nosotros.

La escena de la transfiguración de Jesús durante su tiempo en la tierra, descrita en Lucas 9, arroja algo de luz sobre este tema. Jesús llevó a tres de sus discípulos a orar a la ladera de una montaña; mientras oraba, se transformó y su rostro brilló como el sol e, incluso, sus ropas se volvieron de un blanco puro[8]. Moisés y Elías aparecieron en gloria celestial y conversaron con Jesús. Aunque los discípulos se habían quedado dormidos, se despertaron y vieron a Jesús transfigurado y a los dos hombres hablándole. Si bien la Biblia no especifica cómo los discípulos pudieron identificarlos, la perspicacia divina permitió a Pedro reconocerlos como Moisés y Elías.

Muchas personas que sueñan con seres queridos muertos experimentan el sentimiento de poder comunicarse sin palabras, una comprensión de sus presencias que va más allá del diálogo verbal. En tales sueños tendemos a ver a nuestros seres queridos radiantes, independientemente de cómo fallecieron. A veces parecen más jóvenes o sanos. Emocionalmente el tono es pacífico, reconfortante e, incluso, alegre.

Tales sueños pueden provenir de Dios y a menudo son utilizados por Él para confortarnos, haciéndonos ver el destino eterno de nuestros seres queridos. Por ejemplo, si murieron trágicamente o con dolor, soñar con ellos alegres y saludables puede traernos consuelo. Cuando vemos la vida desde una perspectiva eterna, tenemos acceso al conocimiento de que la muerte no es definitiva y que nuestros seres queridos fallecidos han pasado del reino terrenal al reino espiritual. Es posible que estos encuentros no impliquen tocar o hablar con nuestros seres queridos fallecidos, pero es posible verlos en sueños que vienen de Dios.

Estos sueños también podrían aparecer como advertencias. Escenarios en los que una persona fallecida te está indicando que la sigas o está conduciendo un automóvil en el que vas como pasajero pueden dejarte con una sensación desagradable, porque en tales sueños el difunto representa el espíritu de la muerte. Por eso, al despertar se debe rezar en su contra.

Es importante tener en cuenta que los sueños que provienen de Satanás también pueden involucrar a personas muertas, pero como discutimos en un capítulo anterior, puedes identificar la fuente de tales sueños por la naturaleza que encarnan. Si te despiertas temeroso o ansioso, no cedas a la tentación de estar de acuerdo con la narrativa del miedo o el tormento. Haz un inventario de la ingesta de tu alma y cierra todas las puertas a las cosas que permitieron el acceso a Satanás para manipular tus sueños.

Aquí hay algunos ejemplos de cómo las personas que conocemos pueden aparecer en nuestros sueños, y una visión general de sus significados:

- *Eventos negativos que le ocurren a alguien que conoces*: tales sueños pueden ser sueños de centinela que indican la necesidad de orar. Podría ser un aviso para interceder en nombre de la persona con quien has soñado.
- *Aparición de un líder espiritual*: un sueño que retrata a un líder espiritual de una manera positiva puede significar que Dios usa su imagen para comunicarte un mensaje, dada la autoridad espiritual que esa persona ejerce sobre ti. Un sueño que retrate a un líder espiritual de forma negativa puede ser una advertencia de que el líder sea lo que Jesús llama un lobo con piel de oveja[9]. Quizá sea una indicación de reconsiderar el estar bajo su ministerio.
- *Develación de alguien conocido como fuente de peligro potencial*: este tipo de sueño puede ser una advertencia, que te insta a ser cauteloso o evitar ciertas situaciones relacionadas con esa persona.
- *Un pretendiente mostrado bajo luz negativa*: puede ser un sueño de advertencia que revela rasgos ocultos, como una señal de alerta. Presta atención a tales sueños para así tomar decisiones informadas y evitar daños innecesarios.
- *Un pretendiente presentado como tu cónyuge*: si no estás saliendo activamente con la persona, este sueño podría tener origen en tus propios deseos. Evalúa el fruto que produce: si conduce a una obsesión malsana o a atributos inconsistentes con el

carácter de Dios, puede que no sea un sueño divino en absoluto. Pero si estás saliendo activamente con esa persona, puede ser una confirmación, especialmente si has estado buscando en oración la guía de Dios sobre la posibilidad de matrimonio.

- *Alguien que conoces, pero representado simbólicamente*: en un sueño en el que alguien que conoces aparece en un lugar que luce fortuito, puede que no se trate necesariamente de la persona y, en cambio, puede tener un significado simbólico. Por ejemplo, una vez soñé que tenía habilidades sobrenaturales que me permitían protegerme a mí misma y a los demás de un tirador masivo. Entre las diversas personas del sueño, mi amiga Nina se destacó justo antes de que ocurriera el incidente. Investigando su nombre, descubrí que Nina significa gracia. Esto agregó otra capa de significado al sueño, ya que resonó con la escritura: "Bástate mi gracia"[10]. La gracia, en este contexto, se refiere al poder divino de Dios que nos permite lograr lo que sería imposible con nuestras propias fuerzas. El mensaje del sueño era un recordatorio de que Dios me había dotado con su gracia para enfrentarme al Enemigo.

Nombres

Los nombres y las frases pueden enfatizar la conexión entre el mensaje del sueño y la persona que se menciona. Dependiendo de cómo se use o se vea el nombre, podría resaltar diferentes significados. Por ejemplo, si alguien es llamado por un nombre que no es su nombre de pila, el significado de ese nombre podría ser crítico para el mensaje que Dios te está comunicando.

En algunos casos, el mensaje del sueño puede estar oculto o enfatizado mediante el uso de un nombre o una frase, proporcionando la confirmación de que el sueño vino de Dios. Este tipo de sueños van más allá de lo que la mente de un individuo podría crear, haciéndolos más surrealistas y poderosos, subrayando la naturaleza única del mensaje.

Recientemente, tuve un sueño en el que me transformé de granjera a guerrera después de un encuentro con un hombre llamado "Igor", que puso una espada en mi mano y me llamó "guerrera". Curiosa por el significado de este encuentro investigué el nombre "Igor", y descubrí que se trata de un nombre masculino de origen ruso que significa "guerrero". Mientras oraba y meditaba sobre los símbolos de mi sueño, me di cuenta de que este encuentro era un llamado a entrar en una nueva etapa de mi vida.

En el sueño, mi transformación de granjera a guerrera resaltó la importancia de proteger y defender lo que había sembrado y cultivado de aquellos que buscarían dañarlo. Al igual que una semilla debe esconderse bajo tierra antes de que pueda crecer y dar fruto, yo había estado trabajando diligentemente tras bastidores; ahora era el momento de proteger el fruto de mi trabajo. El uso del nombre "Igor" en el sueño fue una confirmación de que Dios me llamaba a ser una guerrera y a defender y proteger la cosecha de mis oraciones y trabajo duro. Aquí hay algunos consejos prácticos sobre qué hacer si escuchas o ves un nombre en tu sueño:

1. *Ora por guía.* Pídele a Dios claridad y comprensión con respecto al simbolismo y el papel o mensaje específico asociado con el nombre en tu sueño.
2. *Investiga el significado.* Los nombres a menudo tienen significados importantes y pueden proporcionar información valiosa sobre el mensaje que Dios podría estar enviando.

3. *Explora el significado bíblico.* Considera si el nombre tiene algún significado bíblico. Muchos nombres en la Biblia tienen significados específicos o están asociados con ciertas cualidades.
4. *Reflexiona sobre las asociaciones personales.* A veces, el significado puede estar ligado a tus experiencias o relaciones únicas.
5. *Considera las conexiones simbólicas.* Los nombres y las frases pueden tener conexiones simbólicas con tus circunstancias actuales o tus esfuerzos futuros. En el ejemplo del sueño donde aprendí el nombre de "Igor", el simbolismo estaba conectado con mi propia experiencia de entrar en una nueva etapa de la vida.

Locaciones

El escenario de un sueño puede revelar información valiosa sobre el mensaje subyacente del sueño. Por ejemplo, estar en un desierto podría representar un período de prueba espiritual, mientras que estar en un jardín podría simbolizar un lugar de descanso.

Al analizar la locación en un sueño, es importante tener en cuenta si se trata de un lugar familiar o desconocido. Por ejemplo: si Dios te está advirtiendo de un posible revés debido a tus decisiones, podrías soñar con estar de vuelta a tu antigua escuela secundaria o universidad y reprobar un examen. Alternativamente, si sueñas con tomar un examen en una escuela, podría ser un mensaje que destaque un desafío que enfrentas actualmente en tu vida de vigilia, lo que indica que tu manejo de la situación es crucial para entrar en la próxima etapa de tu vida.

Los sueños que tienen lugar en áreas desconocidas pueden tener un significado crítico que se mostrará más adelante.

Después de que mi padre fuera trágicamente asesinado, mi madre descubrió que, a lo largo de su vida, él había adquirido varios lotes de tierra. Si bien tenía la documentación de una parcela específica, se desconocía su ubicación exacta. Algunos miembros de la familia, movidos por la codicia, ocultaron información determinante que complicó nuestros esfuerzos para localizar la tierra.

Durante casi dos décadas mi madre experimentó sueños recurrentes centrados en un entorno en particular: un lote cercano a un cuerpo de agua. Aunque cada sueño traía nuevos detalles, la ubicación seguía siendo un misterio. El significado de estos sueños se nos escapó hasta que un caballero, al tanto de cierta información, se la comunicó a mi madre. Mientras él describía unas tierras junto a un cuerpo de agua, mi madre rompió a llorar al comprender que se trataba de la tierra que buscaba, la cual se encontraba localizada en la ciudad natal de mi padre. Decidimos construir allí una casa en su honor.

Dios utilizó el sueño recurrente de mi madre como un recordatorio constante de que la restauración estaba próxima. Aunque no éramos conscientes del significado del sueño en ese momento, perseveramos en la oración confiando en que la voluntad de Dios se manifestaría. Y, de hecho, así fue. La revelación de la tierra fortaleció nuestra fe al recordarnos que, incluso cuando no lo comprendemos, Dios siempre está trabajando para nuestro bien. Cuando prestes mucha atención a la locación en tus sueños, podrías descubrir significados cruciales que es posible que necesites comprender para el presente o en el futuro.

La interpretación de los sueños requiere de la comprensión de la simbología en los sueños. Pero la interpretación de los símbolos en sí mismos no siempre es sencilla. Aquí hay algunas verdades prácticas para ayudarte a activar el don de la interpretación de los sueños.

Tienes el don

Como creyente en Jesucristo, tienes el don de interpretar los sueños a través del Espíritu Santo. El Espíritu del Señor es el intérprete que nos permite comprender los mensajes que transmiten nuestros sueños.

A pesar de que hemos recibido el Espíritu Santo[11] y, con él, el don de la interpretación de los sueños, debemos hacer espacio en nuestras vidas para ejercitar ese don. Según 1 Corintios 2:11, solo el Espíritu de Dios conoce la mente de Dios. Cuando tienes sueños que vienen de Dios, con símbolos que corresponden exclusivamente al mensaje que Él está transmitiendo, su Espíritu te ayuda a entender.

Consérvalos en la presencia de Dios

Es esencial mantener la interpretación de los sueños en la presencia de Dios. Confiar en internet para la interpretación de los sueños puede engañarte sobre el mensaje de tu sueño particular. Aunque, como algunos símbolos oníricos pueden tener un significado literal, investigar para comprender las características naturales de un símbolo no está de más.

Por ejemplo, en mi sueño sobre moscas, comprender el resultado natural de lo que sucedería en la tierra si las moscas se extinguieran, profundizó mi comprensión del sueño. Del mismo modo, investigar el significado de un nombre o la existencia de un lugar puede aumentar la comprensión y la capacidad del Espíritu Santo para revelar el significado del sueño. A veces puedo oír una palabra que nunca había escuchado, y al investigar su significado se conecta con el mensaje que Dios me envía a través del sueño. Sin embargo, debemos tener en cuenta que interpretar espiritualmente un sueño confiando en fuentes externas a Aquel que lo envió puede resultar engañoso.

Las Escrituras nos hablan acerca de los diferentes ángeles y sus funciones. Uno de ellos es el ángel Gabriel, portador de revelaciones divinas y profunda perspicacia. Dios lo envió a entregar mensajes importantes, como a Zacarías, cuya mujer tendría un hijo a pesar de ser estéril en el pasado. La respuesta de Gabriel a las dudas de Zacarías fue: "Yo soy Gabriel y estoy a las órdenes de Dios"[12], enfatizando que sus palabras provenían de la Divina Presencia.

Debemos adoptar esta postura y mantener la interpretación de los sueños en la presencia de Dios. Escribir e identificar símbolos en nuestros sueños, y presentarlos a Dios en adoración y oración, puede ayudarnos a comprender los mensajes que Él está transmitiendo. Al investigar los significados naturales de los símbolos, no debemos confiar en nuestro entendimiento sino presentar nuestros pensamientos al Espíritu Santo y prestar atención a la dirección hacia la que nos lleva su paz en lo que a la comprensión del sueño se refiere, los pensamientos que surgen y los impulsos que nos llegan. Así es como ejercemos la interpretación de los sueños con el Espíritu Santo.

Continuar la conversación en oración

Es esencial ver nuestro tiempo de oración no como una práctica religiosa para recibir interpretaciones de los sueños, sino como una forma de continuar la conversación con Dios. Imaginar el sueño como si fuera Jesús entrando en tu habitación para hablar contigo te ayudará a comprender el significado de los mensajes transmitidos a través del canal del sueño. La comunicación entre Dios y tú puede ser conversacional. Hablar con Dios y esperar a recibir su respuesta puede profundizar tu comprensión de su mensaje e intención.

A menudo, tratamos la oración como una conversación unilateral que concluye con: "En el nombre de Jesús, amén", y seguimos adelante con nuestro día. Permitimos que las distracciones de la vida se infiltren y luego nos preguntamos por qué no hemos escuchado de Dios. Imagínate asistir a una sesión de terapia solo para hablar y luego irte. La eficacia de la terapia proviene del diálogo y el entorno intencional compartido entre el terapeuta y tú sin distracciones externas. ¿No debería ser este el caso de nuestra comunicación con Dios? ¿Tiene Él toda nuestra atención durante los momentos de oración y adoración?

Nuestra relación con Dios nos permite hablar con Él en cualquier lugar y en cualquier momento, pero la forma en que establecemos los cimientos al comienzo de nuestro día es importante. Revela nuestra reverencia y respeto por su presencia y su palabra para nosotros. Cuando le damos prioridad a Él, dándole toda nuestra atención durante el tiempo designado para la oración, la conversación continúa y podemos tener mayor claridad y comprensión de nuestros sueños, ya sea en ese momento o más tarde.

Preguntas para la interpretación

Proverbios 25:2 dice: "La gloria de Dios es ocultar un asunto y la gloria de los reyes es investigarlo" (NVI). Este versículo nos recuerda la posición de autoridad, honor y favor que adquirimos cuando nos alineamos con la voluntad y la Palabra de Dios. Pero las Escrituras dicen que debemos "investigar un asunto". Esta búsqueda requiere humildad a través de la presentación del sueño ante Dios. Al hacerlo, nuestra sabiduría se somete a la sabiduría de Dios, y recibimos su guía sobre cómo aplicar el significado del sueño en nuestras vidas.

Después de despertar, haz una pausa para escribir lo que puedas recordar de tu sueño y ora para que Dios te revele el significado. Luego tómate un tiempo para reflexionar sobre estas preguntas, tanto dentro de ti mismo como en comunión con Dios, mientras buscas el significado del sueño.

- ¿Cuál era la acción y el tono del sueño?
- ¿Es este un sueño recurrente? Los sueños recurrentes tienden a enfatizar que, o bien el sueño aún no se ha entendido correctamente y Dios está enviando el mismo mensaje de nuevo, o bien el sueño contiene verdades profundas que deben entenderse en un momento futuro, y Dios está usando los símbolos del sueño como un recordatorio.
- ¿Qué significan los símbolos individualmente? ¿Tienen significados literales o bíblicos?
- ¿Qué significan los símbolos colectivamente? Juntos, ¿qué tipo de historia cuentan?
- Con base en los símbolos utilizados en el sueño, ¿representa el mensaje la naturaleza de Dios, de Satanás o de uno mismo? Si identificas la fuente como Dios, presta mucha atención a las preguntas restantes.
- ¿Qué clase de sueño es? ¿Es un sueño direccional, un sueño de impartición, un sueño de estrategia, un sueño de aliento, un sueño de advertencia o un sueño de centinela?
- Poniéndolo todo junto, ¿cuál es el mensaje principal del sueño?

A veces, el mensaje de un sueño no está destinado a ser entendido inmediatamente, sino que es una confirmación de un evento futuro.

Cuando el mensaje del sueño parece poco claro, es esencial mantener el sueño frente a uno y revisar los detalles regularmente porque, con el tiempo, el mensaje del sueño puede hacerse más claro.

Consejeros de confianza

La interpretación de los sueños, sobre todo cuando los mensajes parecen confusos, requiere cautela. Llegar a la conclusión de que un mensaje es de Dios y apresurarse a decir: "Dios dijo" o "Dios me dijo" es arriesgado. Para protegerte contra posibles engaños o malentendidos, busca confirmación adicional de personas confiables y de fe.

Las personas en las que busques retroalimentación y consejo deben ser dos o tres personas en tu vida que amen y reverencien profundamente a Dios. Deben poseer piadosa sabiduría y no dejarse influenciar por sus emociones. Un consejero de confianza puede escuchar tu interpretación y evaluar su coherencia con la naturaleza de Dios, orar contigo por claridad y proporcionarte una confirmación o una perspectiva diferente sobre el significado. Su principal preocupación debe ser agradar a Dios, en lugar de simplemente estar de acuerdo contigo o complacerte.

Si no tienes a esas personas en tu vida en este momento, anímate, porque Dios tiene formas inesperadas de confirmar si el sueño vino de Él a través de la gravedad de su mensaje. Por ejemplo, tal vez recibas de la nada la llamada de alguien que te sugiera el mensaje exacto que recibiste en tu sueño. Mientras no tengas a esa persona de confianza, puedes orar al Señor para que te ayude a descubrir una comunidad eclesiástica con la que puedas conectar e involucrarte. Unirte a un grupo pequeño o ser voluntario en un equipo dentro de la iglesia puede ayudarte a construir una comunidad de fe sólida.

De hecho, servir en la iglesia me ha permitido desarrollar algunas de mis amistades más cercanas y de mayor confianza.

Me he encontrado con numerosos casos en los que la gente malinterpreta sus sueños. A menudo seleccionan partes de la historia de una figura bíblica con el fin de validar su interpretación.

Por ejemplo, consideremos a una joven que tuvo el sueño de verse a sí misma en una ciudad diferente. Inmediatamente lo interpretó como un llamado divino, construyendo un paralelismo con la experiencia de Abraham de dejarlo todo atrás, confiado en la voluntad de Dios. Ella creía que debía mudarse a aquella ciudad sin dinero, sin un lugar donde vivir y sin contactos. Cuando sus amigos y familiares cuestionaron su decisión, se puso a la defensiva y desestimó sus preocupaciones, calificándolas como una falta de comprensión del llamado de Dios para su vida. Se embarcó en el viaje y, cuando las cosas no se desarrollaron como esperaba, culpó a Dios y llenó su corazón de amargura. Esta situación podría haberse desarrollado de manera diferente si hubiera buscado el consejo de alguien que enfatizara los defectos de su interpretación. La oración y la guía podrían haberla ayudado a tomarse el tiempo para interpretar los elementos simbólicos de su sueño con sabiduría y discernimiento.

Romanos 12:3 nos recuerda que debemos tener humildad y no pensar demasiado en nosotros mismos. Pensar que somos las personas más sabias puede conducir a resultados desastrosos. A pesar de mi experiencia en la interpretación de los sueños con Dios, hay ciertos sueños que elijo compartir con un consejero de confianza antes de tomar cualquier acción. Esta práctica me ayuda a obtener valiosas ideas y discernimiento de personas que pueden ofrecer una perspectiva diferente, hacer preguntas acertadas o proporcionar una orientación que yo podría haber pasado por alto. Sirve como salvaguarda, asegurando que mis interpretaciones no se basen únicamente en mi propio entendimiento, sino que también estén alineadas con la sabiduría y la perspicacia de otros que reverencian profundamente a Dios.

Es importante ser amable contigo mismo y no desanimarte cuando malinterpretas un sueño. Cuando desees entender tus sueños para comprender con precisión y humildad los mensajes que Dios tiene para ti, tu corazón se abre a la verdad, lo que agudiza tu sensibilidad para reconocer su voz. Discernir la voz de Dios es un proceso que requiere apagarse a uno mismo para evitar que las emociones personales interfieran con su mensaje. Dios es paciente con nosotros, así que extendámonos la misma paciencia.

Padre Celestial, gracias por tu Espíritu Santo, que me permite interpretar mis sueños mientras me someto a tu orientación. Ayúdame a dejar de lado los prejuicios personales y las emociones que pueden interferir con la comprensión de tu mensaje para mí. Pongo mi confianza en ti, sabiendo que tu sabiduría sobrepasa nuestro entendimiento. Guíame mientras navego por el intrincado paisaje de mis sueños y ayúdame a interpretarlos de acuerdo con tu verdad. En el nombre de Jesús, amén.

Preguntas de reflexión

1. Piensa en un sueño que hayas tenido. ¿Qué símbolos te llaman la atención ahora y cómo afirman o cambian tu comprensión del mensaje en el sueño?
2. ¿Qué pregunta de la lista de la página 147 podrías incluir en tus oraciones de hoy para buscar la guía de Dios a fin de comprender mejor tus sueños?

TERCERA PARTE

Hola, soñador:

En este punto, ya puedes notar que la persona que comenzó este viaje no es la misma persona que lee esta página. Estoy orgullosa de tu compromiso y diligencia en conocer el poder de tus sueños.

Los sueños no son simplemente el medio para lograr un objetivo. Cuando provienen de Dios, nos llevan a una mejor alineación con Él, nos dan una comprensión más profunda de su voluntad y nos equipan para vivir el propósito que Él ha diseñado para nuestras vidas. Alimentar esta conexión implica profundizar en el significado de la Palabra de Dios en nuestras vidas. Juntos exploraremos cómo recibir más a través de nuestros sueños, abrazando una vida verdaderamente fortalecida por la sabiduría extraída del reino de los sueños.

Así que ¡adelante!

Atentamente,
Stephanie

SIETE

EL PODER DE LA PALABRA DE DIOS

Antes que te formase en el vientre te conocí.

Jeremías 1:5

En 2014 vi una película llamada *El cielo es real* (*Heaven Is for Real,* en inglés). Está basada en la historia real de Colton Burpo, quien, a los cuatro años, tuvo una experiencia cercana a la muerte en la cual visitó el cielo mientras era sometido a una cirugía para extraerle el apéndice estallado. Durante el encuentro, Colton conoció a su hermana, a quien su madre había perdido en un aborto espontáneo un año antes de que él naciera. Lo que resulta aún más interesante es que nunca le habían hablado de ella.

No había ninguna duda en mi mente sobre la autenticidad de su experiencia, porque yo también he tenido encuentros sobrenaturales desde que tenía tan solo nueve años. En uno de esos encuentros visité el cielo y, por un momento, vi a los hijos que daría a luz. Al verlos, entendí que se trataba de mis niños; que eran los planes y propósitos únicos que Dios tenía para ellos y para mí; planes que se alinean con el entorno y las experiencias que tendrían como mis hijos. Más tarde tuve otros encuentros en los que me dieron ciertos detalles clave sobre quiénes serían.

Avancemos rápidamente hasta el momento en que conocí a mi esposo. Allí tuvimos conversaciones en las que él compartía conmigo detalles de lo que Dios le había revelado sobre los hijos que tendría. Era como si hubiera leído una página de mi diario en la que yo había recordado lo que Dios me había mostrado. Estos detalles son importantes porque apuntan a la verdad de que nuestras vidas no comenzaron aquí. Muestran que la razón por la que hay un cielo al que podemos regresar y, en algunos casos, visitar, es porque no acabamos nada más de empezar aquí en la tierra. Para nosotros, el cielo no es tan solo un lugar, sino una realidad que proclama que nuestro comienzo se inició con Dios.

Al abrazar esta verdad también debemos reconocer que es Dios quien la sostiene. Proverbios 14:12 sirve como un recordatorio conmovedor, declarando: "Hay camino que al hombre le parece derecho, pero su fin es camino de muerte". Es crucial que permanezcamos vigilantes y no seamos complacientes con los elogios de los demás respecto a nuestra sabiduría, intelecto o dones. Tal exaltación puede seducirnos por caminos que nunca fueron diseñados para que los camináramos.

> ¿Cómo puedes confiar solamente en tu sabiduría cuando no fuiste quien te dio la vida?

Al aprender a discernir la voz de Dios en nuestros sueños, debemos entender por qué necesitamos su Palabra en nuestras vidas. Si bien ya hemos reconocido que Dios nos habla, exploraremos más a fondo por qué su Palabra es tan indispensable en nuestra vida.

Contrariamente a las tendencias culturales acerca de lo que significa caminar en "tu verdad", tu verdad no se limita a la guía de tu conocimiento personal sobre quién eres. ¿Cómo puedes confiar únicamente en tu sabiduría cuando no te diste vida a ti mismo? Tu vida comenzó con el aliento de Dios y está diseñada para ser vivida en asociación con Él, no solo para descubrir la singularidad de tu destino, sino también para asegurarte de cumplirlo. Dios está allí para guiarte a través del dolor, las traiciones, la confusión, las relaciones, la emoción y las transiciones que vienen con el estar vivos. Su Palabra provee brújula de navegación hacia tu destino para que, sin importar los desvíos de la vida, Él pueda reorientarte.

Durante un encuentro sobrenatural, Dios le reveló al profeta Jeremías su identidad y propósito. Al principio, Jeremías luchó con la contradicción entre la verdad de las palabras de Dios y la forma en que se percibía a sí mismo. Sin embargo, Dios marcó el tono de la conversación con Jeremías al decir primero: "Antes que te formase en el vientre te conocí, y antes que nacieses te santifiqué, te di por profeta a las naciones"[1]. En otras palabras: "Antes de que comenzaras en la tierra, antes de que tu madre descubriera que estaba embarazada de ti y antes de que tus padres se conocieran, ya eras conocido. Ni el momento de tu nacimiento ni la familia en la que naciste fueron un accidente. Verás, Jeremías, no fue la fertilización de un óvulo lo que inició tu viaje. Empezó conmigo".

Lo mismo es cierto para ti. Dios te formó en el vientre de tu madre. Él te colocó allí porque tu vida fue designada para la generación, la comunidad y la familia en la que naciste. Eres conocido por Dios, fuiste enviado aquí con un propósito ordenado que rompe las limitaciones de tu capacidad percibida y fuiste hecho para escuchar su voz como la guía de tu vida.

Dios te designó

Hay una cautivadora historia en 1 Reyes 17 acerca del profeta Elías y una viuda. Elías fue un poderoso profeta de Dios durante un período de sequía en la tierra. Bajo sus órdenes, Elías declaró una sequía como reprimenda, debido a la adoración dividida del pueblo, pues algunos seguían a Dios, otros idolatraban al dios falso Baal y otros, incluso, se dedicaban a ambos. La sequía sirvió para hacer frente a las falsas creencias del pueblo y para demostrar que solo el Señor Dios Todopoderoso merece verdadera adoración. Elías predijo una sequía de tres años y medio, la cual ocurrió. Pero durante ese tiempo, Dios suplió milagrosamente las necesidades de Elías. Dios lo orientó hacia un lugar específico donde había agua y ordenó a los cuervos que milagrosamente le proporcionaran alimento. Cuando el suministro sobrenatural de agua se agotó, Dios redirigió a Elías a un pueblo donde se le había ordenado a una viuda que le proveyera.

Uno podría esperar, basado en el "mandato" de Dios, que la viuda hubiera tenido un suministro secreto de alimento y que Dios ya le hubiera hablado acerca de la visita de Elías. Pero no fue así. Cuando Elías se encontró con la viuda y humildemente le pidió algo de comer, ella dudó. Le dijo que ella y su hijo ya no tenían casi nada y estaban preparando su última comida antes de sucumbir a la inanición. Esto podría hacernos preguntar lo que Dios quiso decir cuando le informó a Elías: "A una viuda de ese lugar le he ordenado darte de comer"[2]. ¿Acaso la viuda no escuchó el mandato de Dios?

Para entender esto, necesitamos explorar el significado de la palabra "comando". En este contexto, la palabra se puede traducir como "nombrar" u "ordenar"[3]. Es el mismo término que Dios usó cuando le habló al profeta Jeremías, revelando que aun antes del nacimiento de Jeremías, él fue nombrado y ordenado para ser profeta[4]. El propósito de su vida solo pudo cumplirse después de que le fuera revelado.

Hay propósitos específicos asignados a tu vida. Cuando Dios te revela estas asignaciones, entonces puedes dar un paso adelante y vivir su voluntad para tu vida.

En la historia de Elías y la viuda, vemos cómo la viuda se alineó con la verdad de Dios acerca de ella una vez que Elías le reveló la Palabra de Dios. Más tarde, a través de su obediencia, experimentó una provisión sobrenatural que los salvó a ella y a su hijo de la hambruna.

Elías, como profeta, representaba a alguien que declaraba la sabiduría y la guía de Dios. En aquellos tiempos se confiaba en los profetas para transmitir la palabra de Dios, ya que el Espíritu Santo aún no moraba dentro de todos los creyentes como lo hace hoy. Pero ahora que el Espíritu Santo ha sido liberado hacia todos los que aceptan a Jesús, cada uno de nosotros puede recibir personalmente la Palabra de Dios para alinearnos con lo que Él nos ha designado a ser.

La viuda no fue elegida al azar; ella fue designada por Dios. Aunque al principio tenía miedo, la palabra de Dios cambió su circunstancia. Así como la palabra de Dios le reveló a la viuda lo que Dios le había ordenado hacer, hará lo mismo por ti.

La Palabra de Dios manifiesta

> En el principio creó Dios los cielos y la tierra. Y la tierra estaba desordenada y vacía, y las tinieblas estaban sobre la faz del abismo, y el Espíritu de Dios se movía sobre la faz de las aguas. Y dijo Dios: Sea la luz; y fue la luz.
>
> **Génesis 1:1–3**

El relato histórico de la creación nos enseña un patrón muy valioso acerca de Dios: su Palabra manifiesta la intención de su creación.

"Hágase" viene de la traducción hebrea *hāyâ*[5], que significa "aparecer"[6]. En otras palabras, "Hágase la luz" puede entenderse mejor como "Luz, aparece" o "Luz, manifiéstate". Pero si es cierto el dicho de que la oscuridad es simplemente la ausencia de luz, entonces es posible que la luz no estuviera escondida en la oscuridad sino en la palabra de Dios.

La manifestación de la intención de crear fue desencadenada por su palabra y, de la misma manera, a través de su palabra también se accede a la revelación de quién realmente eres.

Cuando mi madre estaba embarazada de mi hermano mayor, recibió una palabra profética de un pastor acerca de que el niño que llevaba en su vientre sería usado grandemente por Dios y que tendría una hermana que vendría poco tiempo después de él. El pastor le explicó que mi hermano y yo tendríamos un vínculo único y que yo enseñaría también la Palabra de Dios.

Mi nacimiento ocurrió tal como dijo el pastor, pero cuando conocí a Dios a los nueve años y estaba construyendo una relación personal con Él, no deseaba ser maestra de la Biblia o predicadora. Quería ser abogada y tener un programa de entrevistas. A medida que crecía, terminé por estudiar comunicación social en la universidad y comencé haciendo entrevistas a diferentes celebridades para un programa digital que llamé *Voz de Esperanza* (*Voice of Hope,* en inglés). Más tarde entré al sector inmobiliario vendiendo propiedades con mi hermano.

Un día me desperté sintiéndome desconectada de mí misma. Me sentía inquieta y no pude deshacerme de esa sensación durante días, que luego se convirtieron en semanas. En la superficie todo era genial. Ganaba mucho dinero. Sobre el papel tenía todo lo que necesitaba para ser feliz, pero no lo era. Sentía que no estaba viviendo una vida auténtica. Para obtener claridad de Dios acerca de mi vida y propósito, decidí ayunar. Durante el ayuno, a través de una serie de sueños y otros mecanismos de confirmación —además de contrastar mis interpretaciones con un consejero de confianza—, la voz de Dios me instruyó a alejarme del negocio de bienes raíces y asistir a UNO, la Iglesia del Alfarero (*ONE, A Potter's House Church,* en inglés). La primera vez que entré en la iglesia, recibí una palabra de Dios que decía: "En esta casa te levantaré como ministro del evangelio".

Lo interesante de esto es que no vengo de una familia de predicadores, no fui al seminario y, en ese momento, no tenía una relación personal con los pastores o líderes de la iglesia. Por lo tanto, escuchar que yo sería ministro de esa iglesia sonaba fuera de mi alcance. Aun así, hice lo que Dios me indicó y comencé a asistir. Entonces, tuve un sueño en el que me veía sirviendo como ujier en la iglesia. Los ujieres son las personas de la iglesia que te dan la bienvenida cuando llegas, te ayudan a encontrar un asiento, caminan por los pasillos para ofrecer pañuelos desechables cuando es necesario, y brindan cualquier otra asistencia o ayuda durante el servicio.

Cuando desperté de este sueño, supe que había recibido de Dios la instrucción de hacer trabajo voluntario como ujier en la iglesia. En el momento en que tomé esa decisión, Él continuó hablando y entendí que, mientras sirviera como ujier, nunca debería faltar a un servicio durante ese año, y que el voluntariado debía ser mi único enfoque.

Obedecí la instrucción y durante ese tiempo viví de mis ahorros. Fue un año bastante difícil y no todo el mundo entendió mi decisión. Mi familia estaba confundida y molesta conmigo porque creía que estaba poniendo en peligro mi futuro. Estaban acostumbrados a verme tomar decisiones basadas en la guía de Dios, que nunca me había defraudado. Pero esta vez, mi elección les parecía a todos ellos demasiado inquietante y estaban genuinamente preocupados por mi bienestar. Deseaban verme bien establecida en lugar de alejándome de una próspera carrera. Aunque sabía que estaba obedeciendo a Dios, esta etapa de mi vida tuvo sus altibajos. Sin embargo, lo que otros percibían como oscuridad y sin forma, era luz para mí. Sabía que estaba donde tenía que estar. Mientras servía como ujier, me sentí conectada con el propósito de Dios.

Poco sabía yo que la manera en que la palabra de Dios reveló que debía servir en la iglesia era la misma manera en que vino a mi pastor para que yo predicara allí. Tiempo después, Dios también dirigiría a mi pastor para pedirme que me convirtiera en ministra del campus y, más tarde, en pastora ejecutiva. Es una locura pensar que antes de ser concebida, fui conocida, y que siempre estuvo en los planes de Dios que yo fuera la predicadora que soy, comprometida con ayudar a las personas a entender el poder de la relación con Dios.

Nunca habría hecho este viaje por mi propia sabiduría, pero esta verdad, que fue conocida de antemano por Dios, se convirtió en mi realidad. Estoy trabajando en proyectos y sobresaliendo en industrias para las que no tengo ninguna calificación o experiencia natural, debido al poder de la palabra de Dios para revelar continuamente el yo eterno, el yo que conocía antes de que naciera y el yo que continuaré descubriendo a través de su palabra.

La conciencia de tu verdadero yo no se encuentra viajando de mochilero por Europa o yendo a un viaje misionero. Aunque estas actividades pueden ser divertidas y esclarecedoras, tu verdadero ser se descubre y se manifiesta a través de la palabra de Dios. Por lo tanto, abrazar los mensajes de Dios a través de tus sueños y las muchas formas en las que Él habla se convierte en un camino poderoso para comprender y desbloquear las verdades profundas que dan forma a tu vida.

La Palabra de Dios establece

En 2023 tuve la increíble oportunidad de predicar y asistir a VOUSCon, una conferencia en Miami dirigida por dos pastores que admiro profundamente: Rich y DawnCheré Wilkerson. En un momento de la conferencia, en sesión personalizada con cientos de asistentes, tuve una experiencia única. Sobre la base de la enseñanza que había compartido ese mismo día, abrí paso a preguntas y debates.

Como esperaba, a medida que profundizábamos en el tema, las preguntas tomaron un giro divino. Me sentí guiada por el Espíritu Santo a cambiar nuestro enfoque hacia la oración por sanidad. Un sentido de urgencia llenó la sala mientras orábamos colectivamente para que el poder sanador de Dios se manifestara en las vidas de aquellos que se enfrentaban a dolencias físicas. En ese momento de oración, sentí que el Espíritu Santo me guiaba para invitar a cualquier persona necesitada de sanidad física a que se acercara. Quedó claro que Dios quería demostrar a todos los asistentes su naturaleza sanadora y el poder de su presencia.

Fue una experiencia poderosa y transformadora en la que algunos individuos dieron un paso al frente buscando el toque de Dios, mostrando poderosa fe en su capacidad de sanar. Este momento sirvió como testimonio de la verdad de que, en efecto, Dios es un sanador capaz de obrar milagros en nuestras vidas.

Fue un momento divino orquestado por Dios, no solo con el propósito de sanar, sino también para edificar y fortalecer la fe de los presentes. La innegable presencia del poder sanador de Dios llenó la habitación.

Entre los que se presentaron, había una mujer mayor en silla de ruedas que creía fervientemente en la capacidad de Dios para restaurar la fuerza de sus piernas. Cuando puse mis manos sobre sus piernas y comencé a orar, recibí una instrucción clara del Señor: "Haz que se ponga de pie y camine". A pesar de que pudo haber riesgos involucrados en seguir esta instrucción, confié en la palabra de Dios y solicité apoyo de otros para ayudarla a mantenerse firme. Con fe y anticipación, la animé a dar siete pasos asegurándole que, a pesar de sentirse temblorosa, no se caería. Cuando comenzó a caminar, sus piernas mostraron inestabilidad, pero indiqué a los que la rodeaban que no estuvieran detrás de ella, asegurándoles que no tropezaría.

Para admiración y asombro de todos, sus piernas se hicieron cada vez más fuertes con cada paso que daba. Los que la acompañaban se llenaron de lágrimas de alegría al presenciar un milagro desarrollarse ante sus ojos. Exclamaron que nunca la habían visto caminar así.

En ese momento, a pesar de sentirme un poco nerviosa, apoyé mi confianza únicamente en la palabra de Dios, porque cuando se pronuncia su palabra, todo se alinea para cumplir el propósito para el cual fue enviada. Como declara Isaías 55:11: "Así será mi palabra que sale de mi boca; no volverá a mí vacía, sino que hará lo que yo quiero y prosperará en aquello para lo cual la envié". En Juan 1:14, Jesús es descrito como el Verbo hecho carne. Este concepto puede ser difícil de comprender completamente para la mente humana. Pero significa que, así como el aire existe, aunque no se vea, las palabras tienen una dinámica espiritual. Si bien las palabras en sí mismas pueden ser invisibles, poseen poder e influencia. De manera similar al vapor de agua en el aire que puede sufrir condensación para adquirir forma tangible y líquida, el concepto de la Palabra haciéndose carne representa la encarnación de Jesús como persona.

Jesús va más allá de ser una palabra cualquiera. Él es el Verbo a través del cual todas las cosas fueron creadas[6]. Toda la creación responde a Él como su fuente y sustentador. Cuando una palabra es revelada, lleva el peso de establecer su propósito, a medida que la ponemos en acción.

¿Recuerdas a Madame C. J. Walker? Hay más en su historia. Está registrada en el Libro Guinness de los Récords Mundiales como la primera mujer en hacerse millonaria por sí misma en Estados Unidos. Dado que fue la primera persona de su familia en nacer libre de esclavitud, su éxito no solo allanó el camino para las mujeres afroamericanas, sino que también colmó de inspiración a las mujeres del mundo entero.

Cuando Dios habla transfiere un conocimiento que beneficia a quien recibe el mensaje y a todos aquellos que serán impactados por el resultado de ese mensaje.

Como supimos anteriormente, la historia detrás de su éxito comenzó con la inspiración para crear productos para el pelo tras experimentar una infección en el cuero cabelludo que le causó una pérdida severa del cabello. Pero el secreto detrás de encontrar la fórmula para hacer crecer su cabello se le ocurrió en un sueño. Una vez lo explicó diciendo: "Dios escuchó mi oración, porque una noche tuve un sueño y en él un enorme hombre negro se me apareció y me dijo cuál era la mezcla que debía preparar para mi cabello. Parte de la fórmula se cultivaba en África, pero mandé a buscarla, realicé la mezcla, la apliqué en mi cuero cabelludo y en unas pocas semanas mi cabello estaba saliendo más rápido de lo que se había caído. Lo probé con mis amigas y también les ayudó. Decidí que empezaría a venderla"[7].

Madame C. J. Walker recibió un sueño de estrategia y, al actuar sobre la base de las ideas de ese sueño, preparó el escenario para el cumplimiento de su propósito.

Cuando Dios, que lo sabe todo, decide decirte algo, es para revelar y establecer su propósito para y a través de tu vida. Deuteronomio 29:29 dice: "Las cosas secretas son del Señor nuestro Dios, pero las cosas que son reveladas son de nosotros y de nuestros hijos para siempre". Cuando Dios habla, es una transferencia de conocimiento para el beneficio del receptor y de aquellos que serán impactados por el resultado.

La vida de Madame C. J. Walker estuvo plagada de barreras. Era hija de antiguos esclavos, huérfana a los siete años, casada a los catorce, madre a los diecisiete y viuda a los veinte[8]. Sin embargo, cuando la palabra de Dios vino a ella en un sueño, se convirtió en su ventaja competitiva. A medida que actúes de acuerdo con la palabra revelada de Dios para ti, tu propósito cobrará vida, obtendrás revelaciones para solucionar los mismos problemas que te frustraron, tu vida no estará sin rumbo ni limitada por las circunstancias, y vivirás con precisión, claridad y estrategia.

A medida que continúes con este libro y apliques sus enseñanzas, tu sensibilidad espiritual crecerá. Estarás más en sintonía con el Señor, a modo de recibir su palabra de guía y dirección, descubriendo tu verdadera identidad y entendiendo las contribuciones únicas que te fueron asignadas para ofrecer al mundo.

Padre Celestial, gracias por la sabiduría que se encuentra en tu palabra revelada. Reconozco que el poder de mis sueños está intrincadamente ligado al poder de tu palabra revelada a través de ellos. Concédeme la fuerza y el discernimiento para actuar de acuerdo con tu guía, incluso frente a los desafíos u obstáculos percibidos. Que pueda caminar confiadamente orientada por tu palabra, confiando en que en a cada paso tendré provisión y acceso a los propósitos que tú has ordenado para mí. Ilumina mi camino mientras me esfuerzo por alinear mis acciones con tus verdades. En el nombre de Jesús, amén.

Preguntas de reflexión

1. ¿Qué significa para ti que Dios te haya hecho oír su voz y su palabra? ¿Cómo desafía esto tu percepción de tus propias limitaciones? ¿Cómo te incentiva?
2. Reflexiona sobre las áreas de tu vida en las que pueda estar faltando obediencia a la palabra de Dios. Reflexiona y ora sobre por qué podría estar ocurriendo esto.

OCHO

ACCESO A TRAVÉS DE LA FE

Si ustedes creen, recibirán todo
lo que pidan en oración.

Mateo 21:22, NVI

Cuando estaba embarazada de mi hija Ariel, unos meses después de que el dolor de los fibromas desapareciera milagrosamente, el problema resurgió. Oraba fervientemente por sanidad, por alivio, pero nada parecía cambiar. Me sentí confundida y hasta cierto punto abandonada por Dios. ¿Dónde estaba el Dios que había realizado milagros increíbles en y a través de mi vida? Sin embargo, a pesar de mi menguada esperanza, sabía que solo a Él podía acudir en busca de ayuda.

Durante un día particularmente abrumador, me acerqué a mi prima que no solo es doctora, sino también mujer de fe. Le pedí que se uniera a mí en oración y esa noche ocurrió algo extraordinario. Tuve un encuentro profundo con el Señor Jesús en un sueño, donde Él me enseñó su Palabra sobre el poder de la fe y la oración para la sanidad. Me reveló que mi falta de fe estaba obstaculizando la manifestación de mi sanidad deseada. Me di cuenta de que, en verdad, mi fe se extendía solo hasta el punto de creer que Dios me ayudaría a tener una noche de sueño reparador, lo cual logré esa noche en particular. Pero me faltaba la fe necesaria para creer en la curación completa de mi dolencia.

En su manera amorosa y compasiva, el Señor no me juzgó ni me desaprobó. En cambio, me mostró cómo se encuentra con nosotros justo al nivel de nuestra fe. Me recordó casos de las Escrituras en los que las personas fueron sanadas como resultado de su fe inquebrantable[1]. Me quedó claro que necesitaba desarrollar mi comprensión en esta área.

Al despertar, le pedí encarecidamente al Señor que me revelara cómo era evidente mi falta de fe. Me sentí obligada a llamar a mi prima y compartir el encuentro con ella. Al relatar los hechos, recordé algo crucial: inmediatamente después de haber orado, antes de acostarme, exclamé: "Dios, ¿por qué no me sanas?".

Al oír esas palabras, mi prima repitió las mismas palabras que el Señor Jesús me dijo en el sueño: "No tienes fe". Me sorprendió, ya que no había comprendido completamente el peso de mi propia admisión.

Luego planteó una pregunta simple pero profunda: "¿Qué es la fe?".

Mi respuesta se basó en Hebreos 11:1: "Es, pues, la fe la certeza de lo que se espera, la convicción de lo que no se ve". Mientras pronunciaba estas palabras, la revelación se apoderó de mí. Me di cuenta de que, si realmente hubiera tenido fe, después de nuestra oración habría pronunciado palabras de fe inquebrantable. En cambio, mis palabras reflejaban dudas, socavando la evidencia de un Dios fiel que realmente podía sanarme como lo había prometido su Palabra.

Después de concluir mi conversación con mi prima, me acerqué al estudio de la Palabra de Dios con ojos nuevos y una perspectiva recién descubierta. Profundicé en pasajes que hablaban directamente sobre la fe, centrándome particularmente en cómo la oración de fe puede sanar a los enfermos[2]. A medida que me sumergía en estos versículos, la verdad de la Palabra de Dios resonaba dentro de mí solidificando mi creencia en que Él realmente me sanaría, ya fuera mediante un proceso inmediato o gradual.

Con renovadas esperanzas, tomé una decisión. Originalmente, había planeado no asistir al servicio de la iglesia ese domingo debido a mi incomodidad. Pero un pensamiento inspirado me desafió: "¿Qué haría un yo sanado? Asistir al servicio en la iglesia". Decidida, superé mi incomodidad y me dirigí a la iglesia al día siguiente. Al entrar en el santuario, me envolvió una presencia tangible del poder sanador de Dios. En ese sagrado momento, experimenté un toque divino que transformó por completo mi dolencia. A partir de ese día, nunca más tuve que soportar la misma penuria.

Accedí a mi sanidad a través de la fe.

La fe forma parte integral del acceso a los dones de Dios. Cuando ponemos nuestra confianza en Dios y creemos en sus promesas, nos abrimos a recibir las bendiciones que Él tiene reservadas para nosotros. Ya sea que se trate de sanar o soñar con Dios, todo comienza con la fe, que es una confianza firme en que Dios es fiel y cumplirá sus promesas.

Oro para que tu mente se abra a las posibilidades ilimitadas que existen junto a Dios. Empieza a creer que hay grandes encuentros esperando por ti en tus sueños. Tengo fe en que lo que antes te parecía imposible se hará posible, en que tendrás momentos de "caminar sobre el agua".

Caminar sobre el agua

Mateo 14 cuenta la conocida y cautivadora historia de cómo Pedro aprendió que el poder de la fe lograba lo imposible. Pedro y los otros discípulos, siguiendo instrucciones de Jesús, se habían puesto en marcha en su barca después de presenciar cómo el Maestro había alimentado milagrosamente a más de cinco mil personas con solo cinco panes y dos peces. Mientras navegaban, probablemente aún asombrados por el milagro anterior, apenas podían saber que estaban a punto de atestiguar cómo Jesús desafiaba nuevamente las expectativas al aproximarse a su barca caminando sobre el agua.

> Orar con fe escapa al pensamiento racional.

Cuando los discípulos vieron a Jesús, hicieron lo que era de esperarse: "¡Ahhhh!". No estoy segura de cuánto tiempo duraría su grito, pero las Escrituras nos dicen que "llenos de miedo comenzaron a gritar"[3]. Jesús calmó sus ansiedades confirmándoles que, en efecto, era Él. Y entonces Pedro oró.

Él dijo: "Señor, si eres tú, manda que yo vaya a ti sobre las aguas"[4]. En ese momento, todo pensamiento racional se evaporó. Orar con fe va más allá del pensamiento racional. Nuestras peticiones y expectativas se elevan al nivel de las posibilidades de Aquel con quien estamos hablando. La respuesta de Pedro sirve como una demostración de fe a través de la oración. Pedro se apartó de sus cinco sentidos naturales. No necesitaba caminar sobre el agua para saber que era Jesús, pero había entrado en un razonamiento divino para reconocer que, si Jesús podía caminar sobre el agua, entonces él también podía. Más tarde, Jesús reveló esta verdad: "El que en mí cree, las obras que yo hago, él las hará también; y aun mayores hará"[5].

Jesús respondió a la oración de Pedro: "Ven" y Pedro bajó de la barca[6]. ¡Caminó sobre el agua! Debido a su fe, la oración de Pedro fue correspondida de acuerdo con sus expectativas. La fe es la mano invisible que se extiende, aferrándose a las promesas de Dios.

Pero entonces, Pedro tuvo miedo de la tormenta. El pensamiento racional se instaló y la duda se deslizó tras él. Pedro comenzó a ahogarse. Después de que Jesús sacara a Pedro del agua, confirmó la razón de su ahogamiento diciendo: "¡Hombre de poca fe! ¿Por qué dudaste?"[7]. Pedro no comenzó a ahogarse porque Jesús le fallara. Comenzó a ahogarse debido a sus propias dudas.

Pide y sigue creyendo

La duda de Pedro es interesante, porque comenzó sin ella. Empezó lleno de fe. Su duda fue evidencia de un cambio en sus creencias.

Dudar es vacilar en la creencia y, esencialmente, estar en desacuerdo con la Palabra de Dios. Así que la pregunta es: ¿por qué perdió la confianza? ¿Cómo alguien que ya estaba haciendo lo imposible pudo vacilar en su capacidad para continuar? Es fundamental entender esto porque también nos ofrece una narrativa del por qué flaqueamos en nuestras creencias.

Primero, entiende que estás leyendo este libro porque tienes la audacia de creer que Dios puede hablarte a través de los sueños, que puedes entender el lenguaje de tus sueños y que hay más mensaje disponible para ti al crecer en tu intimidad con Dios. Pero, "saber" que está disponible y "creer" que está disponible "para ti" son dos cosas diferentes. Creer que está disponible y seguir creyendo también es distinto.

Pedro, inspirado por el momento en que Jesús caminó sobre el agua, oró con fe para hacerlo también. Jesús contestó su oración, y entonces Pedro vaciló. Pasó de fijar su atención en Jesús a observar la tormenta, lo cual ilustra la autosuficiencia. Trató de razonar su capacidad para continuar en medio de la tormenta. Pero aquí está la parte graciosa: la tormenta estaba allí desde el principio. Solo se convirtió en un problema cuando su enfoque cambió.

Tal vez puedas identificarte con Pedro. ¿Alguna vez has orado por algo y, mientras buscabas a Dios para ello, dependías completamente de Él? Tal vez estabas orando, ayunando, confiando y Dios te lo dio. Pero luego tu vida de oración cambió. Ya casi no hablabas con Dios al respecto. Tu enfoque cambió de Dios a ti mismo.

En una oportunidad, una amiga mía necesitaba desesperadamente un trabajo. Oró, ayunó y confió en Dios para que la favoreciera y ¡terminó consiguiendo un muy buen trabajo! Un par de meses después comenzó a experimentar mucha frustración y planeaba renunciar. Cuando compartió sus planes conmigo, mi primera respuesta fue: "¿Has orado al respecto?". Para mi sorpresa, no lo había hecho. Se dio cuenta de que debía confiar en el mismo Dios que le había proporcionado un trabajo más allá de sus expectativas, de manera que también la guiara con sabiduría para navegar la tensión de su lugar de trabajo.

Un par de meses después, los conflictos y las frustraciones estaban a unas pocas conversaciones humildes y honestas de resolverse. En su aproximación a Dios en busca de sabiduría y guía, Él le habló a través de los sueños y le mostró dónde estaba equivocada. Ella se había ofendido y había creado una narrativa sobre por qué la gente hacía lo que hacía, sin hablar con ellos sobre los problemas. En ese momento, su orgullo la había cegado para ver la verdad.

Comparto este ejemplo porque muy a menudo oramos y creemos en Dios para algo, pero luego, cuando Él nos lo da, dejamos de creer en Él para que nos ayude a sostenerlo.

Es común tener solo la fe suficiente para una experiencia inicial, pero es importante reconocer que la construcción de la fe requiere esfuerzo y disciplina. Esto es cierto tanto para las necesidades naturales como para las espirituales, y soñar no es una excepción. El deseo de Dios para ti no es tan solo que encuentres su voz, sino también que lo busques regularmente para obtener claridad, dirección y perspicacia en tu camino de vida. Esto solo sucederá cuando tu enfoque permanezca en Dios.

La buena noticia es que puedes aprender a creer y seguir creyendo; que es posible que recibas y entiendas los mensajes de Dios a través de tus sueños. Y el primer paso es examinar y desarraigar los obstáculos de tu fe.

Obstáculos de la fe

Familiaridad

Cada vez que viajo a un estado o país por primera vez me siento impulsada a absorber el lugar: probar los restaurantes de primera categoría, turistear y construir una experiencia memorable. Regreso a California (donde vivo) haciendo lo mismo, a lo que me refiero como "hacer mucho". Lo interesante es que, aunque solemos criticarla, la "experiencia del turista" crea recuerdos para toda la vida haciendo en pocos días cosas que los locales nunca han hecho, independientemente del número de años que tengan viviendo en el lugar. La razón detrás de esto es la presunción de familiaridad.

Irónicamente, a menudo ignoramos aquellas cosas con las que presumimos estar más familiarizados. Nuestras presunciones no coinciden con nuestra experiencia vivida.

Durante el tiempo de Jesús en la tierra, después de que fue revelado como el Hijo de Dios, muchos comenzaron a seguirlo y a hablar de su autoridad, poder y obras milagrosas. Luego visitó su ciudad natal. Allí estaban las personas que lo conocieron cuando era un bebé. Creció con sus hijos. Su familiaridad con Él era su mayor obstáculo para experimentar lo milagroso. Las Escrituras nos dicen: "Y por la falta de fe de ellos, [Jesús] no hizo allí muchos milagros"[8]. Su falta de fe estaba ligada a su limitada creencia con relación a la identidad de Jesús. A pesar de las historias que habían oído acerca de Él, no podían ver más allá de lo que ya conocían.

En nuestras vidas, tenemos propensión a permitir que nuestras experiencias pasadas con Cristo determinen lo posible y disponible para nuestro presente y futuro. Como predicadora, frecuentemente oigo a la gente decir: "Así no es como Dios me habla" cuando escuchan acerca de las diferentes formas de percibir la voz de Dios. Nunca puedes poner la idea de lo que Dios "puede" o "hará" en la cajita de tus experiencias. El número de años que has vivido no es nada comparado con la eternidad, y servimos a un Dios que existe fuera del tiempo. La eternidad no puede contenerlo y tus experiencias apenas arañan la superficie de las posibilidades para Dios.

Si alguna vez nos sentimos familiarizados con Dios, familiaricémonos con el hecho de que no conocemos las profundidades de su capacidad.

Ignorancia

Es importante distinguir entre la ignorancia saludable y la no saludable. Ignorancia saludable es reconocer que hay mucho que aún no sabemos o entendemos acerca de Dios y sus caminos. De hecho, esta humildad puede ser un catalizador para la fe y la confianza más profundas en Dios. La ignorancia malsana, en cambio, es cuando no buscamos las promesas y posibilidades que Dios ya ha puesto a nuestra disposición, incluida su comunicación con nosotros a través de los sueños. Esta falta de conocimiento puede llevar al miedo y la incertidumbre en nuestro camino de fe. Es por ello que la búsqueda del conocimiento y la comprensión de la Palabra de Dios es muy importante. Proporciona un fundamento para nuestra fe y nos permite anticipar lo que Dios hará en nuestras vidas con confianza y verdad.

Un gran ejemplo es el paracaidismo en tándem, en el que una persona está unida a un instructor que guía todo el salto, desde la salida del avión en caída libre, hasta tirar del paracaídas y aterrizar de forma segura en el suelo. Si bien me ha intrigado, admito que me resulta aterrador y, aunque siempre he querido probarlo, aún no lo he hecho. Cuando veo videos de paracaidismo en tándem noto un contraste interesante. El instructor está tranquilo, a menudo se divierte sonriendo y riéndose. Pero la persona sujeta a él casi siempre luce aterrorizada. Esto plantea una pregunta: ¿cuál es la diferencia? La respuesta es simple: conocimiento.

A menudo, el miedo es la consecuencia de lo que no sabemos. Los instructores están capacitados en los procedimientos adecuados para cada aspecto del salto, por lo que, incluso cuando se enfrentan a una amenaza u obstáculo potencial, mantienen la calma y están equipados para responder con confianza. De la misma manera, cuando buscamos el conocimiento y la comprensión de la Palabra de Dios y sus promesas, podemos enfrentar los desafíos con mayor valentía y confianza, sabiendo que Dios está con nosotros a cada paso del camino, guiándonos y equipándonos para lo que venga. Nos volvemos más cándidos y confiamos en Él.

Según Isaías 33:6: "Y reinarán en tus tiempos la sabiduría y la ciencia". Este es un poderoso recordatorio de que, sin conocimiento y comprensión de la Palabra y las promesas de Dios, podemos perder fácilmente el equilibrio y ser sacudidos por los desafíos de la vida. Pero cuando buscamos el conocimiento y crecemos en nuestra comprensión de la Palabra de Dios, la fe se convierte en el fruto de esa comprensión. Esto se alinea con el mensaje de Romanos 10:17, que dice que "la fe es por el oír, y el oír, por la palabra de Dios".

Cuando nos sumergimos en la Palabra de Dios y buscamos activamente entender su mensaje, nuestra fe se fortalece, dándonos la estabilidad y la resiliencia que necesitamos para enfrentar los desafíos de la vida con calma y confianza. Cuando nos encontramos con sorpresas o contratiempos, nuestro conocimiento de Dios y de su Palabra nos sostiene con la verdad.

Decepción

En noviembre de 2022 mi tía falleció de cáncer. Cuando descubrimos que estaba enferma, tanto la familia inmediata como la extendida se reunía todos los días en un llamado a la oración. Confiábamos en Dios para una sanidad sobrenatural. Nada podía hacer tambalear nuestra fe, tanto que, incluso cuando murió, su hija mayor, su hermana menor y yo fuimos a la morgue, no solo a ver su cuerpo, sino también para orar por él. Mi prima inició una videollamada con todos sus hermanos y comenzamos a orar creyendo que, así como

Dios resucitó a Lázaro de entre los muertos, también resucitaría a mi tía. Recuerdo que esa mañana, mientras nos preparábamos para ir a la morgue, me preguntaron si estaba nerviosa por ver el cadáver de mi tía. Les dije que estaba más nerviosa sobre cómo reaccionaría cuando se despertara. No estaba preparada para la decepción de terminar nuestra reunión en la morgue eligiendo el ataúd para el funeral de mi tía. No se levantó. Nunca había visto fe en los niveles que experimenté en mí misma y a través de mis primos, así que cuando nos fuimos, me pregunté: *¿Todo eso para nada?*

Es importante tocar esto porque la decepción es como un cáncer. Si no se controla, comienza en un área y eventualmente se extiende a lo largo de tu vida. Puede que mi historia no sea la tuya, pero si hay una decepción que no ha sido sanada en tu corazón, entonces todo es lo mismo. En ese momento no me di cuenta de cómo la muerte de mi tía afectó mi vida de oración. Inconscientemente dejé de buscar a Dios con la misma pasión y hambre, porque empecé a creer que no importaba. Al final del día, Dios haría lo que quisiera. Esa era mi mentalidad como pastora, como una persona que a menudo comparte sus historias de encuentros con Dios desde los nueve años. Era la mentalidad de alguien que podía dar testimonio del poder milagroso de la fe y la oración. Pero fue también la persona que creía de todo corazón que Dios sanaría a su tía y no lo hizo.

La esperanza es el corazón de nuestra dependencia y confianza en Dios.

Un día, mientras escuchaba música de adoración, me derrumbé y clamé al Señor. Quería saber dónde estaba. ¿Por qué no curó a mi tía o la resucitó de entre los muertos? ¿No es esa una de sus promesas? Entonces Él me recordó una verdad con respecto a la oración, y es que no se trata únicamente de exigirle cosas al cielo. La oración es también aceptar lo que el cielo exige. La Biblia lo expresa de esta manera: "Hágase tu voluntad en la tierra como en el cielo"[9].

La voluntad de Dios triunfa sobre nuestra voluntad. Él nunca respaldará algo ni responderá a lo que está en contra de su voluntad y propósito. Incluso cuando no entendamos, Él ve y toma decisiones desde una perspectiva eterna. Esto no significa que todo lo que sucede se deba a la voluntad perfecta de Dios. Obviamente, hay libre albedrío. Pero cuando estamos esperando que Dios intervenga en un asunto no se trata simplemente de exponer nuestras demandas, sino más bien de buscar entender su voluntad en cada situación, para que podamos estar de acuerdo con lo que Él desea. A menudo esto se logra por ensayo y error. Esto nunca debería impedirte creer en lo milagroso, pero sí debería impulsarte a seguir los planes y propósitos de Dios incluso mientras dudas.

Lo que no mencioné es que, antes de que nos diéramos cuenta de que mi tía estaba enferma, mi hermano mayor, que en ciertas ocasiones percibe la voz audible de Dios, me contó que el Señor le había dicho que era hora de que mi tía se fuera a casa. Cuando ella enfermó, a pesar de que él me lo había dicho, mantuve la esperanza y la expectativa de su curación. Si bien el resultado no se alineó con mi deseo, la esperanza nunca es un desperdicio. La esperanza es el latido del corazón de nuestra confianza en Dios, que se extiende más allá de nuestras expectativas para abrazar su voluntad.

Incluso Jesús hizo excepciones cuando se trataba de sanar a las personas que le traían. Cuando fue al estanque de Betesda[10], un lugar con gran multitud de enfermos, sanó a un solo hombre. No era porque los demás carecieran de fe. ¡Su presencia en ese lugar era una prueba de su fe! Sin embargo, tal vez su sanidad no estaba alineada con el tiempo de la voluntad de Dios.

La razón por la que exploro el tema de la decepción es el impacto que tiene en el corazón. Proverbios 13:12 dice: "La esperanza que se demora es tormento del corazón". Si el corazón está enfermo, herido o débil, es difícil creer verdaderamente en Dios en otras áreas. No importa la decepción que hayas enfrentado, entiende que Dios está contigo. Él desea que conozcamos su voz y profundicemos nuestra intimidad con Él, para que cuando llegue la decepción, recordemos que Él es bueno y digno de confianza. Cuando se trata de conocer su voz, el hambriento nunca se sentirá decepcionado.

> *Padre Celestial, gracias por la promesa en tu Palabra, que declara: "Bienaventurados los que tienen hambre y sed de justicia, porque ellos serán saciados"*[11]*. Gracias por sanar las áreas de mi vida que obstaculizan mi fe restaurando en mí el hambre de creer una vez más. Como soñador, declaro por fe que, al poner en práctica las enseñanzas presentadas en este libro, recordaré mis sueños. Cuando te presente preguntas para entender los símbolos dentro de mis sueños, tendré claridad y comprensión de tus mensajes. En el nombre de Jesús, amén.*

Preguntas de reflexión

1. Nuestro comportamiento es prueba de lo que creemos. ¿Qué dice tu comportamiento acerca de tus creencias?
2. ¿Cuál de los obstáculos para la fe te resulta más familiar? ¿A qué crees que se deba?

NUEVE

UNA VIDA INSPIRADA EN LOS SUEÑOS

Y en los postreros días, dice Dios, derramaré de mi Espíritu sobre toda carne, y vuestros hijos y vuestras hijas profetizarán; vuestros jóvenes verán visiones, y vuestros ancianos soñarán sueños.

Hechos 2:17

Tengo una querida amiga que solía recordar muy poco de sus sueños. Pero un poderoso encuentro con Dios a través de una visión transformó por completo su perspectiva de la vida y la obligó a volverse a Él de todo corazón. Esta experiencia fundamental la llevó a entregar su vida a Jesucristo y, como resultado, comenzó a experimentar un notable aumento en el recuerdo de sus sueños.

Al principio, muchos de estos sueños parecían desconcertantes y no tenían ningún significado aparente. Pero mientras hablábamos y orábamos, buscando la guía del Espíritu Santo, el velo se levantó y el verdadero significado detrás de los sueños se hizo claro.

Fue a través de este proceso de interpretación que el propósito y el mensaje de Dios se revelaron, bien resonando con una situación presente en su vida, o bien sirviendo como confirmación de eventos futuros.

A medida que mi amiga comenzó a reconocer la importancia de esta forma de comunicación con Dios, decidió priorizar su contacto y crear un estilo de vida centrado en escucharlo. Con este cambio en su disposición, descubrió que no solo sus sueños aumentaban en frecuencia, sino que sus mensajes se expandían más allá de su comunidad inmediata. Se sintonizó con la voz de Dios no solo con respecto a ella y su familia, amigos cercanos y seres queridos, sino también con respecto a su negocio y la industria en la que se encontraba envuelta. Al salvaguardar fielmente los mensajes infiltrados en sus sueños, fue testigo de cómo Dios le confiaba ideas y revelaciones que se extendían mucho más allá de lo que podría haber anticipado.

Esta nueva conexión con Dios a través de sus sueños le abrió un reino de sabiduría, discernimiento y guía divinos. Le permitió navegar desafíos personales y tomar decisiones con un mayor nivel de perspicacia. Además, la afirmó como recipiente para impactar a otros dentro de su campo, ya que la sabiduría de Dios fluyó a través de ella para traer transformación y alineación divinas.

El Señor bondadosamente le concedió ideas proféticas precisas con respecto a figuras influyentes en su industria y futuras evoluciones dentro de ella. Esta comunicación divina le otorgó una ventaja para conquistar nuevos territorios y experimentar una elevación que estaba directamente relacionada con las revelaciones que recibía de Dios. A través de sus sueños, percibió que su esfera de influencia se había expandido, porque cuando Dios imparte revelación y perspicacia, significa su apoyo y poder para reclamar nuevos territorios.

Notablemente, estas asignaciones y oportunidades habían estado siempre marcadas para ella, pero, como Él lo hace con nosotros, en su sabiduría, Dios se las fue revelando mientras ella lo buscaba diligentemente, convirtiéndolo en su máxima prioridad. Es importante señalar que ella no buscó influencia; en cambio, mantuvo con pasión la actitud de nunca actuar con complacencia con respecto a la frecuencia de la voz de Dios. Como resultado, su búsqueda de una intimidad más profunda con Dios hizo que la voz de Él se hiciera más fuerte y clara, revelando verdades profundas que se conectaban con el propósito y llamado de ella en la tierra.

Dios busca al buscador

En el reino de los cielos existe una magnífica e imponente sala del trono, un lugar de absoluta majestad y presencia divina. En el corazón de esta cámara se sienta el Señor Dios mismo, adornado con esplendor real, irradiando poder y autoridad. Alrededor de este trono central hay veinticuatro tronos más pequeños, cada uno ocupado por estimados ancianos adornados con gloriosas coronas hechas del oro más puro.

Pero el carácter distintivo de la sala del trono se extiende más allá de la presencia de los veinticuatro ancianos. Cuatro extraordinarias criaturas vivientes, como ninguna otra que se haya visto en la tierra, se encuentran apostadas cerca del trono central y sus magníficas formas cautivan a todos los que las contemplan. Estos seres celestiales están adornados con una multitud de ojos, una vista asombrosa que atestigua su visión y percepción sin igual. Cada criatura cuenta con seis magníficas alas, cargadas de atributos divinos, que las diferencian de cualquier criatura terrenal.

Curiosamente, estas cuatro criaturas vivientes están en un estado incesante de adoración y alabanza, su estribillo resonando a través de todo el espacio. "¡Santo, santo, santo es el Señor Dios Todopoderoso, el que era, el que es, y el que ha de venir!"[1]. Declaran con fervor y devoción y sus voces resuenan por toda la sala del trono. Su canto sirve como un recordatorio perpetuo de la naturaleza eterna de la santidad de Dios y de su existencia inmutable, magnificando su poder y gloria inigualables.

Al presenciar esta profunda escena, los veinticuatro ancianos, puestos cerca del trono central, se sienten conmovidos por un abrumador sentimiento de reverencia y adoración[2]. Como un acto supremo de humildad y adoración, se postran ante el Señor Dios, arrojando sus coronas enjoyadas a sus pies. En este acto, aceptan la incomparable dignidad del Señor, reconociendo su posición única como el Creador de todas las cosas. Con corazones sinceros, los ancianos proclaman: "Señor, digno eres de recibir la gloria y la honra y el poder; porque tú creaste todas las cosas, y por tu voluntad existen y fueron creadas"[3]. Sus palabras encierran la profunda verdad de que todas las cosas deben su existencia a la voluntad divina del Creador.

Trata de visualizar la escena divina ante ti. Imagínate a Dios sentado en su majestuoso trono, irradiándolo todo con una gloria imponente. En medio de esta cautivadora imagen, se destacan cuatro criaturas, cada una adornada con sus propias características únicas. Pero lo que realmente capta la atención es su extraordinario despliegue de ojos, los cuales abarcan todo su ser. Este detalle tiene un gran significado, ya que su constante declaración de "santo, santo, santo" no es un mero ritual religioso. No. Es una expresión genuina de maravilla y asombro, como si cada vez que ponen sus ojos en Dios, se manifiesta la renovación de su naturaleza eterna. Lo reconocen reverencialmente como el que "era, el que es y el que ha de venir". Esta adoración incesante dentro del salón del trono es el resultado de un encuentro eterno con las dimensiones y percepciones que se encuentran en constante despliegue al contemplar al Señor Dios.

Esta vívida descripción sirve como un recordatorio de que hay una profundidad infinita en Dios que no debe pasarse por alto. No podemos darnos el lujo de volvernos complacientes con la mundanidad de nuestras experiencias diarias buscándolo solo en tiempos de crisis o necesidad. Una perspectiva tan limitada, disminuye nuestro verdadero potencial y nos roba del rico llamado sobre nuestras vidas. En su lugar, adoptemos la mentalidad de estos seres, que continuamente exploran y descubren las insondables profundidades de la gloria de Dios. Acerquémonos a cada día con hambre de encontrar nuevas facetas de su carácter, de descubrir nuevas revelaciones de su amor y poder. Al hacerlo, viviremos una vida que trasciende lo ordinario. Porque hay una fuente inagotable de tesoros que esperan ser descubiertos en Dios, y es nuestro privilegio y gozo embarcarnos en el viaje de exploración y revelación.

En nuestra búsqueda incesante de Dios, Él revela misericordiosamente las verdades más profundas sobre nosotros mismos que, de otro modo, permanecerían ocultas. Esas verdades están reservadas para aquellos que lo buscan fervientemente, deseosos de conocerlo más íntimamente. Un pasaje bíblico esclarecedor que resalta este concepto es Proverbios 25:2, que dice conmovedoramente: "La gloria de Dios es ocultar un asunto y la gloria de los reyes es investigarlo" (NVI).

Así como la búsqueda de una mujer por parte de un hombre revela sus verdaderas intenciones y la verdadera percepción de su valor, nuestra búsqueda de Dios dice mucho acerca de nuestra comprensión de su valor y significado en nuestras vidas. Si la búsqueda de un interés romántico por parte de un hombre muestra que no está dispuesto a priorizar y apreciar desinteresadamente lo que es importante para ella, sirve como señal de advertencia, sobre la que cualquier verdadero amigo le llamaría la atención. La persecución, en este contexto, va más allá de las meras acciones externas de perseguir a algo o a alguien. Es una postura de deseo devoto hacia una persona o causa.

El matrimonio es un ejemplo de la importancia de la búsqueda incesante. Incluso después de entrar en el pacto del matrimonio, la sabiduría dicta que nunca debemos dejar de buscar a nuestro cónyuge. Se extiende más allá del logro de un objetivo específico; es una postura de perpetua devoción. Del mismo modo, en nuestra relación con Dios, debemos reconocer que nuestra percepción de su valor está íntimamente relacionada con nuestra búsqueda constante de Él.

Si medimos el valor de nuestras relaciones naturales en función de nuestro interés en ellas, ¿cuánto más debemos priorizar y buscar una relación auténtica y profunda con Dios? Aceptemos la verdad de que, en nuestra búsqueda inquebrantable de Dios, no solo descubrimos más de Él, sino que Él también revela verdades profundas sobre nosotros.

> Existir sin un propósito no es vivir verdaderamente, sino simplemente existir.

La inclinación de Dios a esconder cosas no tiene la intención de mantenerlas ocultas, pero sí de estimular el hambre dentro de nosotros. En nuestra búsqueda, se nos concede revelación, perspicacias y misterios profundos, que nos capacitan para caminar en la plenitud de nuestro propósito ordenado por Dios, determinado incluso antes de que existiéramos[4].

La búsqueda final en la vida, la que realmente importa, es la búsqueda de la intimidad con Dios. Solo Él es la fuente de nuestra propia existencia. Cuando Dios creó a los peces y a las criaturas en el mar, ordenó a las aguas que los produjeran[5]. Sin embargo, cuando Dios creó a la humanidad, se dijo a sí mismo: "Hagamos al hombre a nuestra imagen, conforme a nuestra semejanza"[6]. Él es nuestro origen.

Así como un pez perece cuando es removido de su fuente de vida, sin estar arraigados en Dios nosotros nos marchitamos. Aunque nuestros corazones todavía laten y la sangre corre por nuestras venas, estamos separados de la fuente de la verdadera vida. Existir sin una dirección intencional no es vivir verdaderamente; es mera existencia. Por lo tanto, Jesús declaró: "Yo soy la vid y ustedes son las ramas. El que permanece en mí, como yo en él, dará mucho fruto; separados de mí no pueden ustedes hacer nada"[7].

Si bien he explorado de varias maneras a lo largo de este libro el cómo buscar a Dios nos pone en condiciones para escucharle, en este capítulo final quiero profundizar en la forma de buscarlo, y en cómo una búsqueda madura puede expandir nuestra capacidad de recibir sueños de Dios a diario.

Madurez Espiritual

El viaje de la maternidad me ha llevado a una comprensión más profunda de mi propia madre y de las decisiones que tomó durante mi infancia. Criar a mi hija me ha proporcionado una nueva perspectiva sobre las complejidades de la maternidad. De niño, es común encontrarse con restricciones que parecen injustificadas. Esto a menudo se debe a los puntos de vista divergentes entre el niño y los padres. El niño, desde su perspectiva, cree saber qué es mejor para él, mientras que un padre sabio y amoroso reconoce la necesidad de establecer límites y regular ciertos aspectos de la vida de su hijo, debido a su limitado conocimiento y comprensión del mundo.

La madurez sirve como evidencia de una mente renovada y una forma evolucionada de pensar, vivir y ser. El apóstol Pablo expresó elocuentemente este concepto, diciendo: "Cuando yo era niño, hablaba como niño, pensaba como niño, juzgaba como niño; mas cuando ya fui hombre, dejé lo que era de niño"[8]. A medida que maduramos, nuestras perspectivas cambian y obtenemos una comprensión más profunda del razonamiento detrás de las restricciones anteriores. Este crecimiento nos permite apreciar el amor, la sabiduría y el deseo de nuestros padres de protegernos y guiarnos a lo largo de nuestra infancia.

En nuestra relación con Dios, Él se encuentra con nosotros donde estamos, pero no tiene la intención de que nos quedemos estancados. Es fácil confundir la provisión, la comunicación y la intimidad de Dios en el lugar donde Él se encuentra inicialmente con nosotros, como una señal de que no es necesario un mayor crecimiento. Nos sentimos cómodos con nuestras rutinas y patrones porque han demostrado ser efectivos para nosotros, sin darnos cuenta de que hay todavía disponible una conexión más profunda con Dios, a medida que maduramos espiritualmente.

Tengo recuerdos vívidos de haber recibido sueños de Dios desde que tenía nueve años. A lo largo de mi viaje, he experimentado varios altibajos en mi caminar con Él. Incluso en tiempos de rebeldía, seguía escuchando la voz de Dios, aunque la profundidad y la complejidad de sus mensajes se adaptaron a mi nivel de madurez espiritual del momento.

La madurez en nuestro camino de fe con Cristo no es un proceso pasivo, sino más bien una decisión activa de morir a nosotros mismos. Requiere un compromiso diario de renuncia a nuestra propia voluntad y deseos para alinearnos con la voluntad de Dios en nuestra vida. El apóstol Juan, que escribió el libro de Apocalipsis, es un poderoso ejemplo de este tipo de compromiso. Fue desterrado a la isla de Patmos debido a su dedicación a la asignación de Dios[9]. No es coincidencia que Patmos signifique "mi muerte" y que, en este lugar de aislamiento y aparente muerte, Juan tuviera acceso a profundas revelaciones acerca de Jesucristo y los acontecimientos del fin de los tiempos[10]. Una de esas revelaciones fue la poderosa escena en la sala del trono que referí al principio de este capítulo.

Morir a uno mismo no es un don sobrenatural que se nos otorga; más bien es una decisión consciente que tomamos para buscar más de Dios. Jesús mismo ejemplificó esto en su declaración: "Yo entrego mi vida"[11]. Decidió, activa e intencionalmente, entregar su vida por el bien de los demás. La belleza de reconocer que morir a uno mismo está dentro de nuestro poder es que se puede cultivar y practicar. Hay actos y disciplinas específicas que podemos poner en práctica para fomentar en nosotros la búsqueda de la voluntad de Dios, por encima de nuestras egoístas ambiciones personales. A lo largo de este libro hemos explorado varias disciplinas. En este capítulo, examinaremos tres áreas clave que deberían convertirse en un estilo de vida para los creyentes que buscan profundizar su relación con Dios: la oración, el ayuno y la meditación. Estas tres prácticas no están destinadas a ser usadas aislada y ocasionalmente, sino más bien como componentes integrales de una fe madura y vibrante. Deben entretejerse en la trama de nuestras vidas, creando un espacio para que Dios nos moldee en tanto profundizamos nuestra relación con Él. La vida impulsada por los sueños es una vida entregada a Dios. A medida que nos comprometemos con un estilo de vida basado en la búsqueda activa de Dios a través de estas disciplinas, la madurez en nuestra búsqueda preparará el escenario para que su Palabra se revele a lo largo de nuestras vidas.

Oración

He aprendido a ver la oración de tres maneras distintas: petición, búsqueda y llamado. Jesús, en sus enseñanzas sobre la oración, mencionó estos niveles: "Pidan y se les dará; busquen y encontrarán; llamen y se les abrirá"[12]. Este pasaje bíblico, en particular, ha moldeado profundamente mi perspectiva sobre cómo nos acercamos a Dios en la oración. Enfatiza que nuestra vida de oración debe caracterizarse por la intencionalidad, la pasión y la persistencia. Nos enseña que hay tesoros y bendiciones escondidos a nuestra disposición, y que esperan ser descubiertos a medida que nos posicionamos y buscamos diligentemente a Dios.

Cuando nos sumergimos en el primer nivel de oración, la petición, nos estamos disponiendo para solicitar de Dios. Al pedir, estamos reconociendo nuestra dependencia de Él y su capacidad para satisfacer nuestras necesidades espirituales y naturales.

Pasar al segundo nivel, la búsqueda, indica nuestro ferviente deseo de comprender y alinear nuestras peticiones con la voluntad de Dios y su Palabra para nuestras vidas. Este nivel de oración nos permite acceder a sus pensamientos, planes y propósitos para nosotros. A medida que buscamos la voluntad de Dios, nos abrimos a recibir guía y dirección divinas.

El tercer nivel, el llamado, representa un nivel más profundo de búsqueda. Cuando tocamos, estamos buscando activamente entrar en un lugar que creemos que está dentro de la voluntad de Dios para nosotros. Pero este nivel a menudo presenta obstáculos y resistencias. Es posible que la puerta no se abra de buena gana y que nos enfrentemos a desafíos y contratiempos. Sin embargo, a través de la llamada persistente, con la expectativa de que la puerta está destinada a abrirse para nosotros, finalmente podremos acceder a las bendiciones y oportunidades que se encuentran del otro lado.

Estos tres niveles de oración —pedir, buscar y llamar— sirven como un mapa para nuestro acercamiento a Dios. Nos animan a entablar una conversación significativa e intencional con Él, buscando su sabiduría, guía y provisión. Al abrazar los principios encarnados en estos niveles, podemos profundizar nuestra relación con Dios y experimentar la vida abundante que Él desea para nosotros.

Entonces, ¿cómo aplicamos estas verdades a nuestra vida de oración? ¿Cómo podemos navegar las barreras que se interponen entre donde estamos y donde Dios nos está llamando a estar? Una idea clave de este misterio es la práctica de orar en el Espíritu.

Orar en el Espíritu, a menudo malentendido como una práctica mística o exclusiva, es similar a hablar en nuestra lengua nativa original. Así como las personas de diferentes países tienen sus propios idiomas únicos, nuestro verdadero lugar de origen no está en la tierra sino en Dios. Cuando oramos en el Espíritu, nos estamos conectando con nuestro idioma nativo original. (Recuerda, comenzaste con Dios.)

Orar en el Espíritu, también conocido como orar en lenguas, es una forma de comunicación habilitada por el Espíritu Santo. Puede parecer desconocido o extraño para algunos, pero es un medio poderoso para acceder a las profundidades de la voluntad de Dios. A través de esta práctica podemos comunicarnos en un lenguaje que trasciende la comprensión humana y se conecta directamente con Dios. Cuando oramos en el Espíritu nos involucramos en una forma de oración que supera nuestro propio entendimiento limitado y toca el corazón de Dios. Es un medio por el cual nos alineamos con su voluntad.

Orar en el Espíritu puede compararse con llamar a la puerta correcta, ya que no se trata solo del acto en sí, sino también de la persona detrás de la puerta. La diferencia entre ser visto como un intruso o ser un invitado esperado está en la puerta a la que estamos llamando. A veces podemos sentir que estamos tocando puertas que no se abren para nosotros. Estas puertas pueden servir a nuestras ambiciones egoístas y estar arraigadas en motivos equivocados. Pero estas no son las puertas que Dios quiere abrirnos. Santiago 4:3 explica que cuando pedimos con motivos equivocados, no recibimos, ya que nuestros deseos están enfocados en la autocomplacencia.

Cuando oramos en el Espíritu, nos alineamos con la voluntad de Dios[13]. El Espíritu de Dios ora por medio de nosotros expresando el pensamiento de Dios sobre nuestra vida. En esta forma de oración no se involucran nuestra propia mente y voluntad, lo que no deja espacio para que la ambición egoísta interfiera. En cambio, somos capaces de hablar alineados y en acuerdo con los deseos de Dios.

Cuando nos comunicamos con Dios de esta manera, estamos hablando misterios en el Espíritu[14]. Decimos cosas que ni siquiera hemos llegado a conocer o entender por medio del conocimiento natural. Imagínense la respuesta de Dios a tal diálogo. Abre un nivel más profundo de conversación, revelación y perspicacia que supera nuestra comprensión natural.

Cuando oramos en el Espíritu, nuestra conversación con Dios puede continuar a través de canales de comunicación como los sueños. Me he dado cuenta de que cuando paso tiempo orando en el Espíritu, ya sea por unos minutos o una hora durante el día, o especialmente antes de acostarme, a menudo tengo encuentros con el Señor o sueños profundamente perspicaces y proféticos sobre eventos futuros.

Muchas personas dudan en orar en el Espíritu porque les parece extraño o les preocupa que puedan sonar como galimatías. Pero Dios usa la oración para acercarnos a Él, revelando nuestra confianza en el Señor. No pretende ser una actividad perfecta; después de todo, estás hablando con tu Creador, no con un pretendiente romántico. Cuando tienes el hábito de orar en el Espíritu, incluso si comienza con solo unos pocos minutos cada día, cultivas una disposición de dependencia de Dios y reconoces tus limitaciones en el conocimiento. Además de orar en los idiomas en los que hablas sobre las cosas que ya sabes, también puedes orar en tu idioma celestial para acceder a los misterios conectados con tu vida. Y mientras persistes en la oración, mantente atento en tus sueños a los mensajes de Dios.

Sería erróneo suponer que todos los lectores están familiarizados con el concepto de orar en el Espíritu. Hay un malentendido sobre el hecho de que orar en el Espíritu sea una prueba definitiva de recibir al Espíritu Santo. Este concepto erróneo a menudo conduce a la vergüenza y a la duda, lo que hace que las personas se pregunten si realmente han entregado sus vidas a Jesús. Pero esta creencia es una mala interpretación de las Escrituras, específicamente del relato de Hechos 2, donde el Espíritu Santo descendió sobre los doce apóstoles y les permitió hablar en lenguas.

Las lenguas que hablaban los apóstoles en Hechos 2 eran manifestaciones de la capacidad de hablar en diferentes idiomas, incluyendo tanto los idiomas terrenales como los idiomas espirituales[15]. En este caso, las lenguas que se hablaban eran de diferentes idiomas terrestres que podían ser entendidos por el diverso grupo de personas presentes en aquel tiempo[16]. Este evento no se trataba principalmente de orar a Dios, sino más bien de que los apóstoles sirvieran como vasos por medio de los cuales el Espíritu Santo ministraba para alcanzar a personas de diversas partes del mundo.

El fenómeno que ocurrió ese día fue sobrenatural, ya que los apóstoles originalmente no dominaban aquellos idiomas. Fue el poder del Espíritu Santo, que posee el conocimiento de todos los idiomas terrenales, lo que les permitió glorificar a Dios de esta manera. Es importante notar que hablar en lenguas no es la marca definitiva de que hemos recibido al Espíritu Santo.

La verdadera indicación de haber recibido al Espíritu Santo es la convicción interior de que eres un hijo de Dios, después de aceptar a Jesús como tu Salvador[17]. Orar en el Espíritu es una de las manifestaciones del Espíritu Santo, junto con otras como la profecía o la realización de milagros[18]. Estas manifestaciones son activadas por un deseo genuino impulsado por los motivos correctos[19]. Muchas personas no han sacado provecho de esto, porque no entienden su significado y, como resultado, no lo desean verdaderamente.

Dios no quiere negarte la habilidad de orar en el Espíritu. ¿Por qué querría Él limitar tu capacidad de orar de acuerdo con su perfecta voluntad para tu vida? Él está a tu favor y, si deseas orar en el Espíritu y estás dispuesto a dejar que el Espíritu ore a través de ti, vendrá.

Aquí, un consejo adicional: si deseas orar en el Espíritu, pero no has sido constante en la oración diaria en tu(s) idioma(s) terrenal(es), comienza por ahí. A medida que continúes buscando a Dios y esperes que Él libere en tu vida la manifestación de orar en el Espíritu, sé paciente y permanece abierto y disponible para la dirección del Espíritu Santo.

Ayuno

Todo creyente debe vivir una vida marcada por la oración y el ayuno, ya que este fue el estilo de vida ejemplificado por Jesús mismo. Jesús nos ha llamado a vivir en la tierra como Él lo hizo, con el poder del

Espíritu Santo[20]. El ayuno es una práctica que nos lleva más profundamente a la intimidad y al compañerismo con Dios, permitiéndole moldear y guiar nuestra vida de acuerdo con su plan perfecto. A través del ayuno y la búsqueda de todo corazón, nos volvemos más sensibles a su voz y comunicación, incluso a través de nuestros sueños.

El ayuno no se trata de obtener lo que queremos, sino de alinear nuestros corazones con la voluntad de Dios y acercarnos a Él. Es una manera de consagrarnos y estar más disponibles para escucharlo.

Ayunar es una forma de adoración en la que fijamos nuestra atención en el Señor, convirtiéndolo en el objeto de nuestro afecto. No se trata simplemente de negar nuestros apetitos físicos, sino más bien de abrazar los deseos del Espíritu. Cuando vemos el ayuno como un acto de adoración, se convierte en una parte regular de nuestro estilo de vida, no solo como una respuesta a los desafíos que enfrentamos. Si bien hay ejemplos bíblicos de la búsqueda de Dios a través del ayuno en tiempos difíciles, acercarnos al ayuno como adoración nos lleva a un nivel más profundo de intimidad con Dios.

Cuando nos involucramos en el ayuno como un acto de intimidad proactiva, establecemos un ritmo único para nuestra vida individual. Esto podría implicar ayunar una vez a la semana, reservar tres días cada mes o establecer una periodicidad específica que se adapte a ti.

A través del ayuno, humillamos nuestras almas. Como expresó el rey David en el Salmo 35:13: el ayuno es una forma de humillarnos. Nuestra alma abarca nuestra sabiduría e intelecto, y cuando ayunamos, lo ponemos todo de buena gana. Nos separamos del ajetreo y las distracciones que nos rodean constantemente para pasar más tiempo en la presencia de Dios y en el estudio de su Palabra. En este lugar de humildad, nos permitimos recibir su sabiduría, revelación y guía para dirigir nuestras vidas.

El ayuno se extiende más allá de la simple abstención de alimentos. Si bien la comida era el foco durante los tiempos bíblicos, es importante tener en cuenta que no tenían la multitud de distracciones que tenemos hoy, como las redes sociales y las aplicaciones de *streaming*. En aquel entonces, cocinar era un proceso que requería tiempo y esfuerzo. Al abstenerse de comer, pudieron dedicar más tiempo a buscar a Dios. Las Escrituras tienen muchos ejemplos de cómo el ayuno nos abre a recibir la palabra de Dios. En Hechos 13:2, mientras Pablo y Bernabé buscaban al Señor a través del ayuno, el Espíritu Santo les habló sobre su llamado. Cuando el ayuno se convierte en un estilo de vida, constantemente nos dispone para tener hambre de la Palabra de Dios. Esta hambre no es una unción, sino que es el resultado de no estar llenos de distracciones. Somos capaces de entrar en un nivel más profundo de comunión y conversación con Él. Como resultado, podemos esperar experimentar sueños vívidos y frecuentes.

Meditación

El concepto de meditación se asocia a menudo con prácticas de ciertas culturas que se enfocan en vaciar la mente, controlar la respiración y lograr una mayor autoconciencia. Pero, cuando abordamos la meditación desde una perspectiva bíblica, obtenemos una conciencia más profunda de la presencia, la voluntad y los atributos de Dios en nuestros pensamientos.

La meditación bíblica no tiene como objetivo vaciar la mente, sino llenarla con la Palabra de Dios para que eche raíces y transforme nuestra forma de pensar. Profundiza nuestra comprensión de Dios y nos lleva a una sensación de éxtasis ante su presencia.

Este tipo de meditación implica un enfoque reflexivo e intencional en la Palabra y el carácter de Dios. Va más allá de una simple lectura de las Escrituras en tanto profundiza en la ponderación, la contemplación y la interiorización. Al hacerlo, obtenemos comprensión, sabiduría y perspicacia espiritual. A medida que cuando moramos en la Palabra de Dios, ella moldea nuestros corazones y mentes y guía nuestras acciones. A través de esta práctica, profundizamos nuestra conexión con Dios y cultivamos una profunda reverencia por su presencia en nuestras vidas.

> La meditación bíblica no busca vaciar la mente, sino llenarla con la palabra de Dios.

La Biblia enfatiza constantemente la importancia y el impacto positivo de la meditación. Isaías 26:3 nos enseña que, a través de la práctica de la meditación, podemos cultivar una profunda confianza en Dios, lo que nos lleva al extraordinario resultado de morar en perfecta paz. El Salmo 1:2 describe al individuo bendito como alguien que se deleita en la ley del Señor y se dedica a la meditación continua sobre ella.

A través de la meditación, nos conectamos activamente con la Palabra de Dios, su carácter y sus caminos. Nos involucramos en prácticas como leer, repetir y reflexionar las Escrituras. Mientras meditamos en estas verdades, ellas pasan de ser mera información para convertirse en revelaciones personales sobre quién es realmente Dios. En este proceso, la meditación se convierte en una vía para profundizar nuestra comprensión y conocimiento íntimo de nuestro Creador.

Al reflexionar sobre una mañana específica durante mi tiempo de oración, recuerdo vívidamente haber llevado ante Dios mis ansiedades sobre el parto. En ese momento, me vino a la mente la verdad de la omnipresencia de Dios. Comencé a contemplar lo que realmente significa que Dios esté presente en todas partes al mismo tiempo. En esa quietud, una escritura surgió en mis pensamientos: "El Alfa y la Omega", simbolizando a Dios como el principio y el fin de todas las cosas[21]. Me llamó la atención que la presencia de Dios trascienda las limitaciones del tiempo.

Me di cuenta de que Dios no está simplemente en cada lugar en el momento presente, sino que también reside dentro de todo, abarcando el pasado, el presente y el futuro. Esta comprensión me llevó a un profundo entendimiento de que puedo confiarle mi mañana, porque Él ya está allí. Ya está presente en la sala de partos. Y lo mismo es cierto para ti. Cualquiera que sea el desafío o la dificultad que estés enfrentando, Dios ya está presente allí. Cualquiera que sea la conversación que temas o la tarea que estés evitando, Él ya está allí. Esta revelación disipó mis temores, llenándome de una profunda sensación de paz y esperanza para el futuro. Lo que comenzó como pensamientos ansiosos se transformó en un asombro de adoración a Dios, mi reconocimiento de que realmente no hay nadie como Él. Esta experiencia profundizó mi reverencia por nuestro Dios todopoderoso.

El Salmo 25:14 comunica una verdad profunda: "La comunión íntima de Jehová es con los que le temen, y a ellos hará conocer su pacto". La importancia de la meditación en la vida de cada creyente radica en su capacidad para cultivar un temor reverencial hacia el Señor. Este no es un temor que atormenta o paraliza, sino más bien un asombro y una profunda reverencia por y para Dios.

Muchas personas simplemente leen la Biblia para obtener conocimiento acerca de Dios, pero sus vidas no se ven afectadas. No hay transformación visible, y cuando surgen tormentas, cuestionan la presencia y el apoyo de Dios. Pero a través de la práctica de la meditación, nuestra comprensión de Dios se profundiza, moldeando nuestra perspectiva y acercándonos a Él. En este proceso, Dios comienza a revelarnos secretos y verdades íntimas. Nuestra comunión con Dios se intensifica a medida que nos involucramos con las diversas formas en que Él nos habla, incluso a través de nuestros sueños.

Antes de acostarme, frecuentemente me dedico a la meditación centrada en un atributo específico de Dios. Durante algunas de esas noches, en mis sueños, me he encontrado con Él y he recibido enseñanzas. Es importante recordar que nuestro tiempo en la tierra es limitado y no debemos esperar hasta llegar al cielo para buscar una relación más profunda con Dios. Nuestro viaje a sus profundidades comienza aquí en la tierra.

A través de nuestros sueños, tenemos la oportunidad de experimentar encuentros que revelan las cosas ocultas de Dios. Pero esto depende de nuestra postura y estilo de vida. Si adoptamos la identidad de un buscador, sondeando constantemente a Dios, Él nos atraerá más profundamente hacia Él.

Con frecuencia me parece apropiado comparar nuestro viaje espiritual con la inmensidad de la galaxia, con sus innumerables estrellas y planetas que se extienden a través de distancias inimaginables. La complejidad de la galaxia sigue siendo un misterio para los astrónomos, ya que constantemente descubren nuevos ángulos de ella al tiempo que reconocen que todavía hay mucho más por abarcar. Sin embargo, la enormidad de la galaxia no es más que un pequeño fragmento del inmenso conocimiento de Dios. Su sabiduría se extiende mucho más allá de sus límites, abarcando todo lo que es y existe. En nuestra relación continua con Él, siempre hay mayores profundidades para explorar y descubrir. Ni siquiera la eternidad misma proporcionaría el tiempo suficiente para comprender plenamente la inmensidad de su ser divino. Es por esta razón que debemos adoptar la mentalidad y el estilo de vida de un buscador, siempre anhelando explorar los misterios de Dios.

La noche es el comienzo

Hay un detalle intrigante en la historia de la creación: la Biblia presenta la noche como el comienzo del día. Génesis 1:5 nos ilumina con la afirmación: "Y fue la tarde y la mañana un día". Aquí, la tarde se refiere a la noche. Aunque tradicionalmente percibimos que un nuevo día comienza cuando nos despertamos por la mañana, hay belleza en reconocer que nuestro día realmente comienza en las primeras horas de la noche.

Cuando comprendemos que nuestros sueños sirven como un conducto para la revelación divina y la comprensión de Dios, obtenemos una nueva perspectiva sobre cómo estas visiones nocturnas nos empoderan para el día venidero. Los sueños poseen la notable capacidad de proporcionarnos la sabiduría, la orientación y la comprensión que pueden dar forma a nuestros pensamientos, decisiones y acciones. Ofrecen un encuentro único con el reino espiritual, donde la comunicación con Dios tiene lugar en las profundidades de nuestra mente subconsciente.

Al abrazar plenamente la importancia de los sueños, llegamos a reconocer que nuestra relación con Dios se extiende más allá de los confines de nuestras horas de vigilia. Entendemos que las revelaciones que recibimos a través de nuestros sueños nos proporcionan un discernimiento espiritual que influye profundamente en nuestras interacciones, elecciones y reacciones en el mundo. Este reconocimiento del valor de los sueños nos capacita para vivir una vida alimentada por su guía divina, infundiendo cada nuevo día con un propósito renovado y un mayor sentido de claridad.

> *Padre Celestial, gracias por encontrarte conmigo mientras duermo. He sido equipado con la verdad para vivir una vida empoderada por los sueños. En la medida en que adopte un estilo de vida de oración, ayuno y meditación, experimentaré una renovada cercanía contigo, profundizando mi intimidad en comunión contigo. Este viaje transformador me dejará cambiado para siempre. En el nombre de Jesús, amén.*

Preguntas de reflexión

1. ¿Actualmente cómo buscas a Dios? ¿Cómo te gustaría buscar a Dios?
2. ¿Qué significa para ti una vida empoderada por los sueños?

EL VIAJE DEL SOÑADOR

La capacidad de experimentar los sueños dados por Dios sirve como testimonio de su profundo amor por nosotros. Siempre ha sido el deseo de Dios, desde el principio de la creación, ser la voz que guíe nuestras vidas y conducirnos hacia una existencia con propósito e impacto. Él nos conoce íntimamente porque fuimos creados a su imagen. Desde el principio Dios eligió estar presente junto al hombre en el jardín, accesible en todo momento sin ninguna barrera para la comunión. Desgraciadamente, el pecado introdujo esa barrera entre la humanidad y Dios. Sin embargo, la pureza del amor de Dios, que inspiró nuestra creación, permaneció inalterada.

Jesús, a pesar de su naturaleza divina, se humilló a sí mismo y tomó forma humana naciendo de su propia creación. Lo hizo con el propósito de ofrecer su vida como un sacrificio viviente por toda la humanidad, independientemente de quienes lo abracen o lo acepten. El sacrificio de Jesús en la cruz tiene un significado inmenso en nuestro camino hacia la intimidad con Dios. A través de su desinteresado acto, Jesús cargó con el peso del pecado de la humanidad, actuando como el puente que nos reconcilió con el Padre. Su sacrificio despejó el camino para que tuviéramos acceso directo al amor y la presencia inconmensurables de Dios, eliminando todas las barreras y limitaciones. Pagando el precio del pecado, Jesús no solo reveló la profundidad de su amor por nosotros, sino que también hizo posible que experimentáramos una intimidad genuina con Dios. El sacrificio de Jesús no fue en vano, ya que tenía la intención de restaurar una relación cercana y personal con cada uno de nosotros.

Él no murió por nosotros para dejar de hablarnos luego.

A través de su muerte y resurrección, Jesús demolió la barrera que nos separaba de Dios, eliminando la necesidad de intermediarios o sacrificios para conectarnos con Él. Su acto desinteresado produjo restauración y redención, concediéndonos el privilegio de acercarnos al trono de la gracia con atrevimiento y confianza. El sacrificio de Jesús en la cruz restableció una invitación abierta a conocer íntimamente a Dios y a estar en comunión con él, similar a la estrecha relación que Adán y Eva compartieron con Él en el jardín. Como resultado, nuestros sueños trascienden meras imágenes aleatorias o fragmentos de imaginación. Se convierten en un conducto para la revelación y la guía divinas. Nuestros sueños se transforman en un lienzo en blanco donde Dios puede pintar sus visiones y percepciones, iluminando nuestro camino a medida que viajamos por la vida. En las profundidades de nuestro subconsciente, Dios planta las semillas de sus planes e intenciones, trayendo claridad, dirección y un profundo sentido de propósito. Durante las horas silenciosas de la noche, a través de nuestros sueños, Dios comunica su corazón con el nuestro. Nuestros sueños se convierten en un espacio sagrado de encuentro que nos lleva a lo más profundo de su corazón, revelando sus planes para nuestras vidas.

Pero el viaje del soñador no concluye con la capacidad de recibir constantemente los sueños dados por Dios. Eso es solo el comienzo. Nuestra comunión con Dios no se limita a las horas en que dormimos y soñamos, ya que también hay numerosas oportunidades para tener intimidad con Él a lo largo de nuestras horas de vigilia. En el capítulo 1, exploramos diferentes formas en las que podemos experimentar la voz de Dios, sintiendo, conociendo, escuchando y viendo. Todos estos dominios están disponibles para ti y, como has ejercido la fe para aprovechar el poder de tus sueños, no te detengas allí.

Tu viaje es, en última instancia, de profundización en la intimidad con Dios, que puede fortalecerse con sueños. Abraza la plenitud de lo que significa conocerlo íntimamente y estar en comunión con Él, tanto en tus sueños como en tus momentos de vigilia. Dios tiene mucho que mostrarte.

RECONOCIMIENTOS

"Mejor son dos que uno, porque obtienen más fruto de su esfuerzo"[1]. El esfuerzo colectivo y las contribuciones de muchos han hecho que terminar este libro sea una magnífica recompensa.

Estoy muy agradecida a Dios Todopoderoso por el privilegio de guiar esta revelación. Los sueños siempre han sido para mí el territorio de tu voz y ahora me has confiado la tarea de despertar a esta generación al poder de sus sueños.

A mi esposo, Ifeanyi Okafor, gracias por ser mi roca, mi protección, mi apoyo y mi aliento. Agradezco el espacio que creaste para que yo escribiera y las conversaciones inspiradoras que dieron forma al contexto de este libro.

A mi madre, Esther Ike, tu apoyo en el cuidado de Ariel durante sus primeros tres meses mientras terminaba el libro no puede expresarse con palabras. Gracias, mamá, por siempre empujarme a ser mejor y por conectarme con el convencimiento de que puedo lograr cualquier cosa que me proponga.

A mi pastor y padre espiritual, Touré Roberts. Gracias por tu continuo liderazgo, amor y guía.

A mi agente literaria, Andrea Heinecke, gracias por ese correo electrónico introductorio que me condujo a este viaje. Te lo agradezco a ti y a todos en The Bindery.

Para mi editora, Estee Zandee, tu paciencia y firmeza han sido invaluables. Tus excepcionales comentarios han dado forma significativa a este libro. Eres una verdadera joya. ¡Gracias!

A todo el equipo de WaterBrook y Multnomah, gracias por embarcarse en este viaje conmigo y creer en la visión de este libro.

Amanda McIntire, de la Mac Creative Agency, te agradezco profundamente tu brillantez en la dirección creativa de la portada del libro.

A Brian y Kim Freeman, gracias por capturar a la perfección la fotografía de portada del libro.

A todos los que se mencionan en este libro, gracias por las experiencias compartidas y el impacto que estas historias tendrán en una generación que despierta al poder de sus sueños.

NOTAS

Introducción

1. Éxodo 33:11
2. Bibliatodo.com, Horeb [consultado: 2024, 27 de abril]. Disponible en línea: https://www.bibliatodo.com/Diccionario-biblico/horeb
3. Génesis 2:21-22
4. Jay Summer. 8 *Health Benefits of Sleep* [Ocho beneficios del sueño para la salud]. Sleep Foundation (2023, 27 de junio); [actualizado: 2024, 9 de febrero]. Disponible en línea: www.sleepfoundation.org/how-sleep-works/benefits-of-sleep.
5. Gemma Curtis, *Your Life in Numbers* [Tu vida en números]. Sleep Matters Club (2017, 29 de septiembre). [Actualizado: 2024, 15 de mayo]. Disponible en línea: https://www.dreams.co.uk/sleep-matters-club/your-life-in-numbers-infographic.

Capítulo Uno: Dios te habla

1. A. W. Tozer (2009). *La búsqueda de Dios: Un clásico libro devocional.* Colombia: CLC Editorial.
2. Colosenses 1:16
3. Juan 16:13 NVI
4. Éxodo 4:14
5. Éxodo 33:19
6. Proverbios 6:16
7. Salmos 104:31
8. Marcos 10:17
9. Marcos 10:21
10. Marcos 10:22
11. Isaías 9:6

12. Romanos 5:8
13. Romanos 8:31
14. Romanos 8:28
15. 1 Corintios 12:9
16. Mateo 4:19
17. 1 Samuel 3:20
18. Vemos a los profetas dirigiendo regiones y grupos de personas y dando consejo a los líderes a lo largo de la Biblia, como Moisés en Éxodo 19, Elías en 1 Reyes 18, "el hombre de Dios" en 1 Reyes 13, Hulda en 2 Crónicas 34:14-33 y Débora en Jueces 4:4-5, entre otros.
19. 1 Corintios 14:1-3
20. 1 Corintios 14:3
21. 1 Samuel 3:3-11
22. 1 Samuel 10:6
23. Mateo 10:19-20 NVI
24. *Why Good Vision Is So Important* [Por qué es tan importante una buena visión], Zeiss (2021, 16 de octubre). Disponible en línea: https://www.zeiss.com/vision-care/us/eye-health-and-care/health-prevention/why-good-vision-is-so-important.html
25. Diccionario Bíblico. Apocalipsis: qué es, concepto y definición. Bibliatodo.com. Disponible en línea: https://www.bibliatodo.com/Diccionario-biblico/apocalipsis
26. Apocalipsis 1:11
27. 2 Reyes 6:17 NVI
28. 1 Samuel 3:1

Capítulo Dos: Tú, el soñador

1. Mateo 6:11
2. Juan 4:34
3. Instituto Nacional de Trastornos Neurológicos y Accidentes Cerebrovasculares [base de datos]. Fundamentos del cerebro: El sueño. Disponible en línea: https://espanol.ninds.nih.gov/es/trastornos-neurologicos/fundamentos-del-cerebro-el-sueno
4. Helder Bertolo et al., *Rapid Eye Movements (REMs) and Visual Dream Recall in Both Congenitally Blind and Sighted Subjects* [Movimientos oculares rápidos (REM) y recuerdo visual de sueños en sujetos videntes y con ceguera congénita], Proceedings of SPIE 10453 (2017, 22 de agosto):104532C. Disponible en línea: https://doi.org/10.1117/12.2276048.

5. Eric Suni y Alex Dimitriu, *Dreams* [Sueños], Sleep Foundation [última modificación: 2023, 8 de diciembre]. Disponible en línea: www.sleepfoundation.org/articles/dreams-and-sleep.
6. *What Does It Mean When We Dream?* [¿Qué significa cuando soñamos?]. Medical News Today [última modificación 2022, 22 de abril]. Disponible en línea: www.medicalnewstoday.com/articles/284378.
7. Mateo 2:2
8. Mateo 2:1-14
9. Jeff Jacoby, *The Undeferred Dreams of Elias Howe and Madame C. J. Walker* [Los inaplazables sueños de Elias Howe y Madame C. J. Walker], Boston Globe [2018, 23 de marzo]. Disponible en línea: www.bostonglobe.com/opinion/2018/03/23/the-undeferred-dreams-elias-howe-and-madame-walker/GA3ajqwnq4UiVoFe3HQERP/story.html.
10. Mark Cannizzario, Brett Cyrgalis y George Willis, *Top 10 golfers of all time: The Post's experts make their cases* [Los 10 mejores golfistas de todos los tiempos: los expertos del Post presentan sus casos], New York Post [2019,14 de mayo]. Disponible en línea: https://nypost.com/2019/05/14/top-10-golfers-of-all-time-the-posts-experts-makes-their-cases/
11. Lisa D. Mickey, *Golf the Way You Dreamed It Would Be* [Golfea como lo soñaste], New York Times, [2012, 1 de julio]. Disponible en línea: https://archive.nytimes.com/onpar.blogs.nytimes.com/2012/07/01/golf-the-way-you-dreamed-it-would-be
12. Erick Massoto, *James Cameron Reveals 'Avatar' Franchise Came to Him in a Dream* [James Cameron revela que la franquicia de 'Avatar' llegó a él en un sueño], Collider, (2022, 24 de noviembre). Disponible en línea: https://collider.com/avatar-origin-story-james-cameron-dream-comments.
13. Mateo 27:18
14. Mateo 27:19
15. Mateo 27:24
16. Marcos 6:52
17. Strong's Greek Lexicon [Nuevo diccionario Strong de términos bíblicos], s.v. *pōroō*, Blue Letter Bible [Biblia de Letras Azules]. Disponible en línea: www.blueletterbible.org/lexicon/g4456/kjv/tr/0-1
18. Mateo 27:3-5
19. Juan 12:6
20. Mateo 26:15
21. Juan 13:27
22. 1 Juan 4:8

23. Tim Thornborough, *5 Ideas to Turn the Conversation to Jesus on Halloween* [Cinco ideas para dirigir la conversación hacia Jesús en Halloween], The Good Book Company (2018, 25 de octubre). Disponible en: https://www.thegoodbook.co.uk/blog/interestingthoughts/2018/10/25/5-ideas-to-turn-the-conversation-to-jesus-on-hallo/
24. Marianne Williamson, *Our Deeper Fear* [Nuestro miedo más profundo], Appleseeds.org [citado en el discurso inaugural de Nelson Mandela, (1994)]. Consultado el 7 de enero de 2024. Disponible en: www.appleseeds.org/Deepest-Fear.htm
25. Juan 1:1

CapítuloTres: Prepara tu cuerpo y tu alma

1. 2 Reyes 4:2
2. Génesis 2:7
3. Watchman Nee (2005), El hombre espiritual (Trad. Samuel Vila Ventura). Barcelona: Editorial Clie (Original en inglés, 1968).
4. Salmos 143:3
5. 2 Timoteo 1:7
6. *The BURGER KING® Brand Creates a Halloween Sandwich Clinically Proven to Induce Nightmares* [La marca BURGER KING® crea un sándwich de Halloween clínicamente probado para inducir pesadillas], Business Wire (2018,17 de octubre). Disponible en: https://www.businesswire.com/news/home/20181017005208/en/The-BURGER-KING%C2%AE-Brand-Creates-a-Halloween-Sandwich-Clinically-Proven-to-Induce-Nightmares
7. Elise Mandl, *The 7 Worst Foods for Your Brain* [Los siete peores alimentos para tu cerebro], Healthline [actualizado 2023, 14 de marzo]. Disponible en: https://www.healthline.com/nutrition/worst-foods-for-your-brain
8. Rachel Welch, *The Reciprocal Relationship Between Nutrition and Dreams* [La relación recíproca entre la nutrición y los sueños], Health by Principle [2022, 23 de septiembre]. Disponible en: https://www.healthbyprinciple.com/blogs/news/the-reciprocal-relationship-between-nutrition-and-dreams
9. Génesis 2:2-3
10. 1 Reyes 19:12
11. Gálatas 5:22-23
12. Hebreos 12:11 NVI

Capítulo Cuatro: La fuente de los sueños

1. Jeremías 29:11
2. Deuteronomio 6:4
3. Mateo 4:4
4. Mateo 4:6
5. Mateo 4:7
6. Génesis 22:2
7. Hebreos 11:19
8. Gálatas 5:22-23
9. Apocalipsis 12:7-9
10. Juan 16:13
11. Juan 8:44
12. Lucas 4:2
13. Lucas 4:3
14. Juan 5:19
15. Lucas 4:13
16. Salmos 118:17 NVI
17. 2 Corintios 10:5 NVI
18. Gálatas 5:17, 19-21
19. 1 Corintios 15:31
20. Jeremías 29:8

Capítulo Cinco: Tipos de sueños

1. Mateo 13:10
2. Mateo 13:11
3. Mateo 13:18-23
4. Isaías 6:8
5. 1 Tesalonicenses 5:5
6. Génesis 12:1
7. Hechos 16:6-10
8. Génesis 31:10-13
9. 1 Corintios 12:7-10
11. Jeremías 29:13
12. 1 Pedro 5:5-6
13. Romanos 8:28
14. Salmos 23:1 NVI
15. Proverbios 10:22

16. Jeff Jacoby, *The undeferred dreams of Elias Howe and Madame C. J. Walker* [Los sueños inaplazables de Elias Howe y Madame C. J. Walker], Boston Globe (2018, 23 de marzo). Disponible en: www.bostonglobe.com/opinión/2018/03/23/los-sueños-indeferentes-el-el-howe-y-madame-walker/GA3ajqwnq4UiVoFe3HQERP/story.html
17. A'Lelia Bundles (2001), *On Her Own Ground: The Life and Times of Madam C. J. Walker* [En su propio terreno: la vida y los tiempos de Madame C.J. Walker] Nueva York: Scribner.
18. Génesis 41
19. Génesis 28:18
20. *Did Abraham Lincoln Predict His Own Death?* [¿Abraham Lincoln predijo su propia muerte?]. History.com (Original: 2012, 31 de octubre. Actualización más reciente: 2023, 10 de octubre). Disponible en: https://www.history.com/news/did-abraham-lincoln-predict-his-own-death
21. Génesis 20:3-7
22. Génesis 2:24
23. 1 Corintios 6:17
24. Ezequiel 6:9
25. Apocalipsis 22:15
26. Salmos 23:6
27. *Strong's Greek Lexicon* [Nuevo diccionario Strong de términos bíblicos], s.v. *sāpâ*, Blue Letter Bible [Biblia de Letras Azules]. Disponible en línea: www.blueletterbible.org/lexicon/h6822/kjv/tr/o-1
28. Ezequiel 33:7
29. Lucas 22:32 NVI
30. 1 Reyes 18:1
31. Santiago 5:17-18
32. Salmos 115:16
33. Lucas 2:36-38
34. Mateo 6:9-13 NVI

Capítulo Seis: La interpretación de los sueños

1. Génesis 40:8
2. Génesis 1:28 NVI
3. Juan 14:12
4. Génesis 40:9-13 NVI
5. Hebreos 6:1
6. Efesios 6:12

7. Isaías 8:19
8. Mateo 17:2
9. Mateo 7:15
10. 2 Corintios 12:9
11. Juan 14:15-17
12. Lucas 1:19 NVI

Capítulo Siete: El poder de la palabra de Dios

1. Jeremías 1:5
2. 1 Reyes 17:9
3. [El texto vendrá en la siguiente ronda, pero ocupará dos líneas en total].
4. Jeremías 1:5
5 *Strong's Greek Lexicon* [Nuevo diccionario Strong de términos bíblicos], s.v. *hāyâ,* Blue Letter Bible [Biblia de Letras Azules]. Disponible en línea: www.blueletterbible.org/lexicon/h1961/kjv/tr/0-1
6. Véase Juan 1:3
7. A'Lelia Bundles (2002), *On Her Own Ground: The Life and Times of Madam C. J. Walker* [En su propio terreno: la vida y los tiempos de la señora C.J. Walker]. Nueva York: Scribner.
8. Bundles (2002), *On Her Own Ground* [En su propio terreno].

Capítulo Ocho: Acceso a través de la fe

1. Marcos 5:34
2. Santiago 5:15
3. Mateo 14:26 NVI
4. Mateo 14:28
5. Juan 14:12
6. Mateo 14:29
7. Mateo 14:31
8. Mateo 13:58
9. Mateo 6:10 NVI
10. Juan 5
11. Mateo 5:6

Capítulo Nueve: La vida impulsada por los sueños

1. Apocalipsis 4:8
2. Apocalipsis 4:10
3. Apocalipsis 4:11
4. Jeremías 1:5
5. Génesis 1:20
6. Génesis 1:26
7. Juan 15:5 NVI
8. 1 Corintios 13:11
9. Apocalipsis 1:9
10. Apocalipsis 1:1; *Strong's Greek Lexicon* [Nuevo diccionario Strong de términos bíblicos], s.v. Patmos, Blue Letter Bible [Biblia de Letras Azules]. Disponible en línea: www.blueletterbible.org/lexicon/g3963/kjv/tr/0-1
11. Juan 10:17 NVI
12. Mateo 7:7 NVI
13. Romanos 8:27
14. 1 Corintios 14:2
15. 1 Corintios 13:1
16. Hechos 2:8
17. Romanos 8:16
18. 1 Corintios 12:7-11
19. 1 Corintios 14:1
20. Juan 20:21
21. Apocalipsis 22:13

Reconocimientos

1.Eclesiastés 4:9 NVI

SOBRE LA AUTORA

STEPHANIE IKE OKAFOR es una líder dinámica, pastora ejecutiva y presentadora de podcasts, así como autora de *Moving Forward: Biblical Teachings for Walking in Purpose* [Avanzando: enseñanzas bíblicas para caminar con propósito]. Es cocreadora y coanfitriona de la serie de podcasts *The Same Room* [La misma habitación], y pastorea una vibrante comunidad de fe en Hollywood, en *ONE Church,* bajo el liderazgo de los pastores Touré Roberts y Sarah Jakes Roberts. Después de un encuentro con Dios a la edad de nueve años, Stephanie Ike Okafor desarrolló el deseo de difundir el evangelio. Está comprometida con ayudar a las personas a buscar a Jesús, que sepan que Él es real y descubran su identidad en Él.